한경 MOOK 한경MOOK는 빠르게 변화하는사회 흐름에 발맞춰 시시각각 현상을 분석하고 새로운 대안과 인사이트를 제시하기 위한 무크 형태 단행본을 발행하는 한국경제신문사의 새 브랜드입니다.

한경 MOOK

투자부터 분쟁 해결까지
가상자산 A to Z

PROLOGUE

'From Atoms to Bits' 디지털자산의 시대

미국 MIT 미디어 테크놀로지 교수인 니콜라스 네그로폰테는 1995년에 디지털경제의 도래를 알린 저서 〈디지털이다(Being Digital)〉에서 "인류의 삶은 물질의 기본 단위인 아톰(Atoms)에서 정보의 기본 단위로 0과 1의 조합인 비트(Bit)로 갈 수밖에 없다"고 단언했습니다. 그의 예언대로 우리는 디지털 시대에 살고 있습니다. 이전에는 자본과 노동을 집약해 생산한 유형자산이 핵심적 가치를 만들었습니다. 지금은 디지털화된 데이터의 공유 및 확산이 차별적 부가가치를 창출하고 그것에서 나온 디지털자산이 국가, 기업, 개인의 경쟁력을 결정하는 핵심 척도가 됐습니다.

먼저 디지털자산의 한계비용은 제로에 수렴합니다. 유형자산의 경우 원칙적으로 특정인이 사용하면 다른 사람은 사용하기 어렵습니다. 하지만 디지털자산은 다수의 사람이 동시에 얼마든지 이용할 수 있으며 기계처럼 소모되지도 않습니다. 디지털자산을 하나 더 만드는 데 드는 비용, 즉 한계비용은 거의 제로에 가깝습니다. 암호화폐나 NFT를 1개 만들든, 1만개를 만들든, 비용 차이가 거의 없는 것입니다. 이러한 디지털자산의 특성이 소유 중심의 교환가치에서 접속 중심의 공유가치로 옮겨 가는 새로운 경제를 낳을 것이라는 전망도 있습니다.

또한 디지털자산은 이용자가 늘면 늘수록 가치가 기하급수적으로 증가하는 네트워크 효과에 기반합니다. 네트워크 효과는 같은 재화나 서비스를 이용하는 사용자 수가 늘어날수록 그 제품을 소비했을 때 얻게 되는 효용이 더욱 증가하는 것을 말합니다. 예를 들어, 메타(구 페이스북)의 사용자 수가 약 1억4000만명에서 14억명으로 10배 증가하는 동안 시장가치는 40억달러에서 2160억달러로 50배 넘게 증가했습니다. 엄밀하게 보면 사용자 수가 아니라 사용자 간 연결되는 수가 기하급수적으로 증가하기 때문에 그 가치가 사용자의 제곱에 비례하는 것입니다.

네트워크 효과에 기반해 사용자 수를 늘리는 것으로는 충분하지 않습니다. 이용자가 네트워크를 자주 이용해 이용자 간 상호연결을 늘리도록 기업은 자물쇠를 단단히 걸어야 하는데, 이를 록인 효과라고 합니다. 특정 상품이나 서비스를 한 번 이용하기 시작하면 그것을 계속 구매하도록 유도하는 것을 가리키는 말입니다. 이용자를 '록인' 시키기 위해 기업은 전환비용을 높여야

by_ 이광욱 법무법인 화우 변호사

합니다. 예를 들어 애플 아이폰 충성 고객은 iOS의 편리함과 강력한 앱 마켓에 매료되고 아이패드, 아이맥 등 다른 애플 제품 간 호환성을 포기하기 힘듭니다. 그뿐만 아니라 안드로이드 OS 스마트폰으로 이동할 때 새로운 OS에 적응해야 하는 부담도 있습니다. 결국 애플은 자신만의 생태계를 효과적으로 구축해 이용자가 오랫동안 자신의 울타리 안에 있게 만든 것입니다.
디지털자산은 블록체인이나 웹 3.0(Web 3.0)과 같은 네트워크에 코인, 토큰과 같은 가상자산, NFT를 거래 대상으로 올린 다음 메타버스, 디파이, 씨파이, 토큰경제 등 새로운 생태계를 구축하는 일련의 경제활동의 핵심입니다. 유형자산 시장에서는 다수의 경쟁자가 경쟁 구도를 형성하지만, 디지털자산 시장에선 초기에 경쟁상태로 있다가 궁극적으로 지배적 사업자만 살아남는 독점으로 진화하게 됩니다. 유형자산의 대표 격인 자동차 시장은 폭스바겐, 도요타, 현대·기아차 등 여러 플레이어가 시장점유율을 나눠 가지는 데 비해, 가상자산 시장에서는 비트코인과 이더리움이 초기의 경쟁을 뚫고 지배적 지위를 공고히 하고 있습니다. 물론 디지털자산 생태계에서 일어나는 혁신은 독점의 물밑 아래에서 경쟁을 낳고 그러한 경쟁을 통해 새로운 독점사업자가 탄생하는 순환이 계속해서 일어납니다. 페이팔 마피아의 대부인 피터 틸이 그의 저서 〈제로투원〉에서 주장한 "경쟁하지 말고 독점하라"는 슬로건은 디지털자산 시장에 가장 어울리는 말입니다.
최근 MZ 세대의 가상자산 투자 급증, 굴뚝 산업을 영위하는 기업의 디지털자산으로의 포트폴리오 전환, 정부의 디지털자산 기본법 제정 등 트렌드를 보면, 디지털자산은 아직 오지 않은 '미래'가 아니라 이미 우리 주변에 자리 잡은 '현재'입니다. 디지털자산 거래소 업비트의 광고 카피에 "풍문에 휩쓸리지 말고 기술의 가치를 꼼꼼하게 따져 보세요"라는 문구가 있는데 이제는 기술뿐만 아니라 관련 법률도 챙겨봐야 할 때가 됐습니다. 디지털자산 시대에 놓쳐서는 안 될 기본 개념과 트렌드, 그에 관한 법적 쟁점을 담아 봤습니다. 블록체인, 코인, 토큰, NFT, 메타버스, 디파이 등 현재 디지털자산을 선도하는 각종 기술, 제품, 서비스를 법적 관점에서 조망했습니다. 함께 '비트(Bit)'의 세계로 떠나 '제로투원'이 돼 봅시다.

CONTENTS

투자부터 분쟁 해결까지
가상자산 A to Z

004 **PROLOGUE**
'From Atoms to Bits'
디지털자산의 시대

OPENING

008 **Infographic**
데이터로 보는 가상자산 시장 현황

010 **Keyword**
디지털자산 개념 정리

014 **Question**
가상자산 ABC

018 **Guide 01**
가상자산 거래플랫폼과 사고 파는 방법

020 **Guide 02**
NFT 거래플랫폼과 이용 방법

022 **Issue**
P2E 게임을 둘러싼 논쟁,
막아야 하나 vs 키워야 하나

SECTION 1

026 **Case 01**
암호화폐 시세조종, 미공개정보 이용도 처벌받나요?

028 **Case 02**
착오로 이체된 가상자산을 처분하면 처벌받나요?

030 **Case 03**
가상자산도 범죄수익으로 환수할 수 있나요?

032 **Case 04**
가상자산과 무관한 범죄의 가상자산도 추징이 가능할까요?

034 **Case 05**
가상자산 거래소 임직원에게 금품을 제공했다면 어떤 범죄가 성립할까요?

036 **Case 06**
부실심사로 가상자산을 상장한 거래소 임직원에게 배임죄가 성립할까요?

038 **Case 07**
가상자산 투자 모집 사기 범죄에서 거래소 임직원도 처벌받나요?

040 **Case 08**
거래소가 가상자산을 상장폐지할 경우 배임죄가 성립하나요?

042 **Case 09**
거래소 자체가 폐업하는 경우를 대비해 정부가 마련한 대책은 무엇인가요?

044 **Case 10**
NFT 관련 법적 분쟁 사례로는 어떤 것이 있을까요?

046 **Case 11**
조각투자 사업은 누구나 자유롭게 할 수 있나요?

048 **Case 12**
가상 부동산 플랫폼에서 거래는 어떻게 이뤄지나요?

050 **Case 13**
DAO는 디지털자산 시장에서 어떤 역할을 할 수 있나요?

052 **Case 14**
디파이는 금융시장에 어떤 영향을 끼치게 될까요?

054 **Case 15**
굴뚝산업 회사가 암호화폐 채굴 사업을 하려면 어떻게 해야 할까요?

SECTION 2

058 **Question 01**
법인은 가상자산 거래소에서 거래할 수 없나요?

060 **Question 02**
가상자산 거래소에서 거래하려면 개인정보를 제공해야 하나요?

062 **Question 03**
가상자산도 주식처럼 상장할 수 있나요?

064 **Question 04**
블록체인에서 개인정보는 어떻게 보호되나요?

066 **Question 05**
가상자산 거래소 등 디지털자산 관련 사업을 하려면 어떤 요건을 갖춰야 하나요?

068 **Question 06**
가상자산 거래로 얻은 소득에 대해 세금을 내야 하나요?

070 **Question 07**
예술품, 부동산, 게임 아이템 등 자산의 디지털 토큰화는 왜 일어나게 됐나요?

072 **Question 08**
일반 투자자가 디지털자산에 투자할 때 주의할 점은 무엇인가요?

074 **Question 09**
최근 정부가 가상자산을 다루는 방향은 무엇인가요?

076 **Question 10**
디지털자산에 투자하면 금융상품을 거래할 때와 같은 보호를 받을 수 있나요?

078 **Question 11**
가상자산으로 편의점 또는 온라인에서 물품을 살 수 있나요?

080 **Question 12**
국내와 해외의 가상자산 차익거래는 어떻게 할 수 있나요?

082 **Question 13**
외화 송금을 가상자산으로 대신하는 것은 법률위반인가요?

084 **Question 14**
가상자산을 이용한 자금세탁 어떻게 막을 수 있나요?

086 **Question 15**
암호화폐 다단계 사기를 피하려면

088 **Question 16**
거래소에 보관 중인 암호화폐가 해킹 당했다면 돌려받을 수 있나요?

090 **Question 17**
암호화폐가 없으면 블록체인을 유지할 수 없나요?

092 **Question 18**
디지털자산의 게임체인저라고 하는 웹 3.0은 무엇인가요?

094 **Question 19**
중앙은행 디지털화폐(CBDC)는 무엇이고 다른 디지털자산과의 차이는 무엇인가요?

096 **Question 20**
트래블룰이란 무엇인가요?

098 **Question 21**
가상자산은 범죄에 어떻게 이용되나요?

100 **Question 22**
가상자산 거래 시 필요한 실명확인 입출금계정이란 무엇인가요?

102 **Question 23**
미술품, 음악 저작권 등에 투자하는 조각투자도 디지털자산인가요?

104 **Question 24**
예술작품을 민팅한다는 것은 무엇을 말하나요?

106 **Question 25**
NFT 디지털 아트 소장자가 전시회를 여는 등 수익사업을 할 수 있나요?

108 **Question 26**
NFT로 돈을 버는 게임이 있다는데 우리나라에서도 가능한가요?

110 **Question 27**
누구나, 어떤 것이든 NFT로 만들어도 되나요?

112 **Question 28**
NFT를 가상자산으로 구입하거나 판매할 수 있나요?

114 **Question 29**
코인과 토큰은 같은 것인가요?

116 **Question 30**
증권형토큰 발행(STO)이란 무엇인가요?

118 **Question 31**
NFT가 탄소배출권의 대안이 될 수 있나요?

120 **Question 32**
최근 각광받는 NFT는 무엇인가요?

122 **Question 33**
블록체인은 왜 안전한가요?

124 **Question 34**
블록체인에서 사용되는 합의 알고리즘은 무엇인가요?

126 **Question 35**
퍼블릭 체인과 프라이빗 체인은 어떻게 다른가요?

128 **Question 36**
양자컴퓨터가 실현되면 블록체인도 안전하지 않나요?

130 **Question 37**
스마트 콘트랙트는 무엇인가요?

CLOSING

132 **Focus 01**
가상자산 안전망 구축을 위한 정부의 규제

134 **Focus 02**
가상자산 대응 해외 사례는

136 스페셜리스트

140 **Epilogue**
가상자산에 투자하겠다는 아들에게

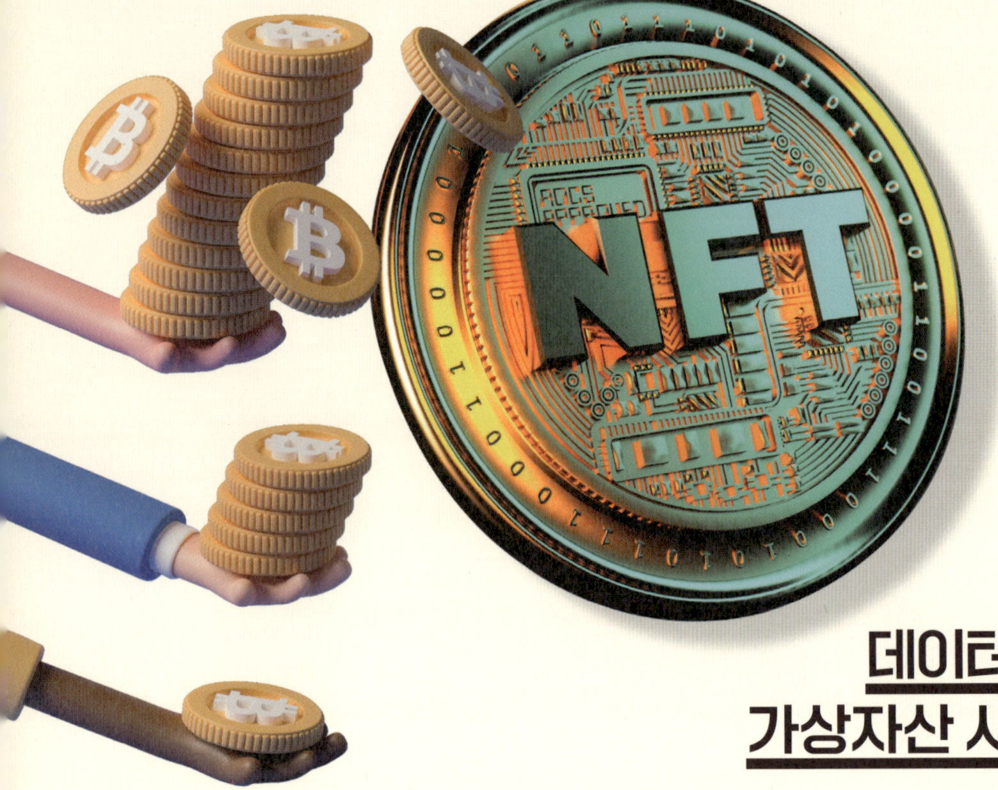

NFT

데이터로 보는 가상자산 시장 현황

2021년 기준 가상자산 시가총액 규모는 2.4조달러(한화 약 2600조원) 수준으로 2020년 이후 1800% 가량 증가했다. 하지만 미국을 비롯한 세계 주요 국가들이 일제히 긴축정책을 통해 유동성을 거둬들이는 데다 탈중앙금융 서비스를 중심으로 가상자산에 대한 신뢰가 훼손되면서 가상자산 시장이 급속히 가라앉고 있다. 2022년 6월 기준 가상자산 시가총액은 2021년 11월 대비 7개월 만에 70% 이상 줄어들었다.

(10억달러)
3,500
3,000
2,500
2,000
1,500
1,000
500
0
17
18
19
20
21

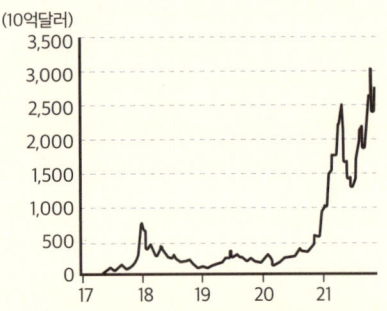

글로벌 가상자산 시가총액 규모
자료 coingaeko, 국제금융센터, 하나금융투자

1400억달러
5700억달러
이더리움
3900억달러
1조2700억달러
비트코인
8390억달러
2조4000억달러
전체 가상자산
3조
2조
1조
0
2021년 11월
2022년 6월

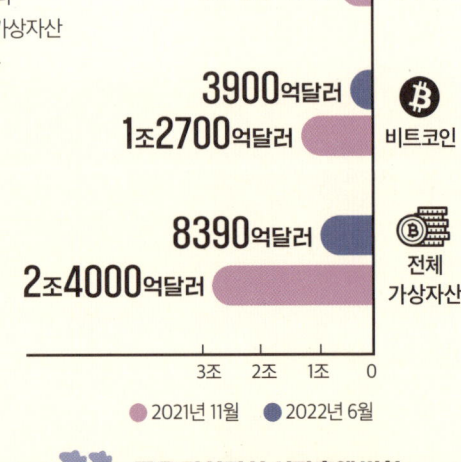

주요 가상자산 시가총액 변화
자료 코인마켓캡

금융위원회에 따르면 2021년 12월 31일 기준 국내 가상자산 시장 규모는 총 55.2조원이다. 2021년 하반기 총 거래액은 2073조원, 일평균 거래 규모는 11.3조원으로 집계됐다.

총 55조 2000억원 국내 가상자산 시장 규모

2073조원 국내 하반기 총 거래액 (2021년 7월 1일~12월 31일)

11조 3000억원 일평균 거래 규모 (2021년 7월 1일~12월 31일)

총 1257개 국내 거래되는 가상자산

403종 단독상장 가상자산

1525만명 국내 총 이용자 수

558만명 실제 거래에 참여하는 이용자 수 (중복포함)

2021년 8월 말 기준 국내 4대 가상자산 거래소 예치금 합산은 약 60조원으로 이는 1년 새 13배 상승했다. 특히 업비트의 2021년 11월 말 고객예치금은 53조원까지 치솟아 국내 가상자산 거래소 중 압도적인 비중을 차지한다.

가상자산 보유 규모
- 1000만원 이상 15%
- 100만원~1000만원 29%
- 100만원 이하 56%

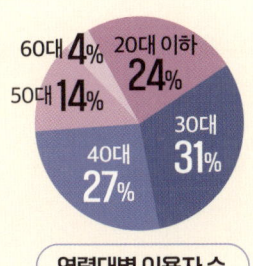

연령대별 이용자 수
- 20대 이하 24%
- 30대 31%
- 40대 27%
- 50대 14%
- 60대 4%

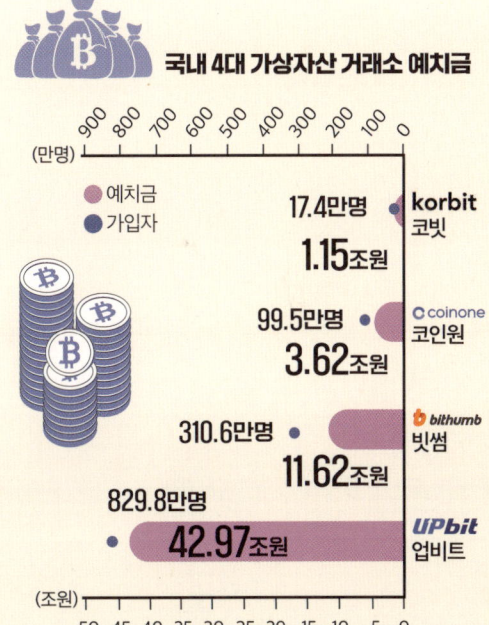

국내 4대 가상자산 거래소 예치금

- korbit 코빗: 예치금 1.15조원, 가입자 17.4만명
- coinone 코인원: 예치금 3.62조원, 가입자 99.5만명
- bithumb 빗썸: 예치금 11.62조원, 가입자 310.6만명
- UPbit 업비트: 예치금 42.97조원, 가입자 829.8만명

※ 예치금은 원화와 암호화폐를 합산, 2021년 8월 기준
자료 강민국 국민의힘 의원, 과학기술정보통신부, 하나금융투자

가상자산 사업자를 이용하는 국내 총 이용자 수는 1525만명, 실제 거래에 참여하는 이용자 수는 558만명(중복포함)이다. 연령대로는 3040대가 전체의 58%로 가장 많고, 절반 이상(56%)이 100만원 이하 규모의 가상자산을 보유한 것으로 파악됐다. 전체 이용자 수는 남성 67%(374만명), 여성 33%(184만명)로 남성이 2배 정도 높은 이용률을 보였다.

※ 2021년 12월 31일 기준

평균 4회 이용자 거래횟수 [1일]

약 75만원 이용자 거래 규모 [1회]

이용자 성비
- 남성 67%
- 여성 33%

OPENING Keyword

디지털자산 개념 정리

1
디지털자산

디지털 형식으로 저장 또는 전송할 수 있으며 소유권 또는 사용 권한을 수반하는 모든 것을 말합니다. PC, 노트북, 태블릿 등 물리적 저장 기기 자체의 소유권과 관계없이, 해당 기기에 저장된 디지털 문서, 음향, 동영상 등이 모두 디지털자산에 해당합니다. 최근 가상자산 거래가 활발해지면서 비트코인과 같은 암호화폐 등을 지칭하는 경우도 많습니다.

2
가상자산

컴퓨터 등에 정보 형태로 남아 실물 없이 사이버상으로만 거래되는 경제적 가치가 있는 모든 것을 의미합니다. 최근에는 주로 암호화폐, NFT 등을 지칭하는 용어로 사용됩니다.

3
블록체인

암호 기술에 기반하고 증식하는 성격을 띠며 '블록'이라 칭하는 일종의 기록이 상호 연결된 결속을 뜻합니다. 각 블록은 이전 블록의 시간 기록을 담고 있는 해시값 및 거래 정보를 가지고 있기에 각각의 블록이 서로를 증명해주고, 이와 동시에 각 블록은 상호 연결을 통한 '체인'을 이룹니다. 한 블록의 정보를 바꾸려면 체인으로 이어진 다른 블록 정보에도 영향이 미칩니다. 따라서 블록의 기존 정보를 함부로 수정할 수 없다는 특징이 있습니다.

4
웹 3.0 (Web 3.0)

2014년 이더리움의 공동설립자인 개빈 우드(Gavin Wood)가 처음 사용한 용어. 블록체인 기술에 기반한 새로운 월드 와이드 웹(World Wide Web·WWW) 판도에 대한 구상입니다. 탈중앙화 및 토큰 기반 경제 등의 개념에 기반해 데이터가 소위 '빅테크'라고 불리는 소수 기업에 집중된 현재의 구조를 탈피한 월드 와이드 웹을 의미합니다.

5
디파이 (DeFi)

은행과 같은 중개업자를 거치지 않고 블록체인 기반의 스마트 콘트랙트로 금융거래 등을 가능하게 해주는 금융 형태를 말합니다. 디파이 플랫폼을 통해 자금 대출, 파생상품을 활용한 자산의 가격변동 예측, 가상자산 거래 등을 할 수 있습니다.

6
DAO

탈중앙화된 자율 조직(Decentralized Autonomous Organization). 컴퓨터 프로그램으로 코드화된 규칙을 이용해 구성된 조직을 말하며 투명성이 핵심입니다. 중앙정부의 영향을 받는 것이 아니라 조직 구성원의 통제를 받습니다. 중앙화된 통제 없이 구성원들이 소유하는 커뮤니티로 볼 수 있습니다.

7
메타버스

가상현실(VR) 기술과 증강현실(AR) 기술 등을 활용해 인터넷을 단일하고 보편적이며 몰입할 수 있는 가상 세계로 구현하려는 구상을 총칭합니다. 보다 일반적으로는 소셜 네트워크 기능을 중시하는 3D 가상 세계 네트워크를 뜻하는 용어로 쓰입니다.

8
NFT

블록체인에 저장된 디지털 데이터로서 고유하고 상호 교환할 수 없는 토큰을 말합니다. 그 소유권을 블록체인에 기록할 수 있으므로 매매 등 거래 대상이 될 수 있습니다.

9
비트코인

탈중앙화된 암호화폐로, 고유의 P2P 네트워크를 통해 이전할 수 있습니다. 비트코인의 거래는 네트워크 노드를 통해 인증할 수 있고, 블록체인에 공개적으로 그 내용이 기록됩니다.

10
알트코인

비트코인이 아닌 토큰, 암호화폐, 기타 디지털 자산을 통칭하는 용어입니다. 알트코인은 거래 처리 속도의 향상(라이트코인), 스마트 콘트랙트 기능 도입(이더리움) 등으로 비트코인과의 차별화를 시도합니다.

11
ICO

암호화폐 공개(Initial Coin Offering)의 줄임말. 화폐를 이용한 펀딩의 한 종류이며 주로 크라우드 펀딩 형식으로 이뤄집니다. 법정화폐, 비트코인, 이더리움 등을 대가로 암호화폐가 토큰 형태로 판매됩니다. 해당 토큰은 이후 펀딩 목표가 달성되면 지급수단으로써 활용할 수 있습니다.

12
IEO

거래소 공개(Initial Exchange Offering)의 줄임말. 일반 기업의 기업공개(IPO)와 비슷합니다. 신규 업체가 자금을 모으기 위해 가상자산 거래소에 상장하면서 코인이나 토큰 등의 디지털 자산을 판매하는 과정입니다. 가상자산 거래소가 투자자들과 신규 업체 사이에 중개 역할을 한다는 점이 ICO와 다릅니다.

| OPENING | Keyword |

13
STO

증권형토큰 발행(Security Token Offering)의 줄임말. 토큰화된 디지털 증권을 판매하는 일종의 공모 절차입니다. 토큰은 주식, 미술품, 회사, 부동산 등 전통적인 자산을 거래할 때 활용할 수 있으며 블록체인에 기록됩니다. 이 경우 토큰은 증권의 일종이기 때문에 정부의 기존 법령에 따라 엄격한 규제를 받을 가능성이 큽니다.

14
DApp

탈중앙화 애플리케이션(Decentralized Application). 블록체인에 기반해 스마트 콘트랙트를 통해 자동으로 작동하는 애플리케이션입니다. 기존 애플리케이션과 달리 디앱(DApp)은 어떠한 기관에도 속하지 않고 인적 통제의 대상이 되지 않습니다. 소유권을 나타내는 토큰이 여러 사람에게 분배될 뿐입니다.

15
CBDC

중앙은행 디지털 화폐(Central Bank Digital Currency). 중앙은행이 발행하는 암호화폐와 비슷한 디지털 토큰이며 해당 국가의 법정화폐와 연동됩니다.

16
스마트 콘트랙트

법적 행위 등을 계약이나 협의사항대로 자동으로 실행 및 통제하며 문서화하기 위한 컴퓨터 프로그램 또는 거래 프로토콜입니다. 블록체인이 적용된 계약 유형으로 볼 수 있습니다.

17
메인넷

블록체인 프로젝트를 실제 출시해 운영하는 네트워크입니다. 메인넷은 독립적인 플랫폼으로서 생태계를 구성하고, 이는 코인의 전제가 됩니다. 메인넷이 없으면 코인이 아니라 토큰으로 봐야 합니다.

18
노드

블록체인의 직전 상태를 기록해 둔 저장소의 단위를 말합니다.

19
채굴

노드는 해당 블록체인의 데이터를 저장하는 작업을 수행하기 위해 컴퓨팅 파워가 필요합니다. 컴퓨팅 파워를 제공한 사람들에게 보상으로 가상자산을 주는 것을 채굴이라고 합니다.

20
에어드롭

어떤 프로젝트가 자신들의 가상자산을 무상으로 지급하는 행위를 말합니다.

디지털자산

21
스냅숏
에어드롭을 받는 지갑을 정하는 시간적인 기준을 말합니다.

22
하드포크
블록체인 업그레이드의 한 방법. 업그레이드를 통해 기존 블록체인과 다른 프로토콜을 갖게 됩니다.

23
소프트포크
블록체인 업그레이드의 한 방법으로, 기존 블록체인 기능의 일부를 수정한다는 점에서 하드포크와 구별됩니다.

24
스테이블코인
가격이 일정한 가상자산을 말합니다. 대부분 달러에 페그된 스테이블코인이 많습니다. 최근 루나·테라 사태로 인해 스테이블코인의 안정성에 관한 의구심이 커지고 있습니다.

25
스테이킹
일반적으로 특정 플랫폼에 가상자산을 예치하는 것을 뜻합니다. 자유 입출금, 특정 기한까지 출금 금지, 기한 내 출금 시 이자 페널티 등은 현재 은행의 예금 시스템과 유사합니다.

26
ERC-721
NFT의 표준안. 이더리움 블록체인에서 대체할 수 없거나 고유한 토큰을 작성하는 방법을 설명하는 공개표준입니다.

27
TVL
총예치금(Total Value Locked)의 줄임말. 디파이(DeFi)에 예치된 자산규모의 총합을 말합니다.

28
ERC-20
이더리움 네트워크상에서 유통할 수 있는 토큰의 호환성을 보장하기 위한 표준 사양입니다. ERC-20 토큰은 스마트 계약을 지원합니다.

29
민팅(Minting)
일반적으로 자산을 NFT화 하는 과정을 뜻합니다.

OPENING Question

Q 암호화폐의 채굴은 무엇이고 어떻게 할 수 있나요?

블록체인(Block Chain, 분산원장) 네트워크를 유지하기 위해서는 시스템 내에 발생하는 새로운 거래내역을 계속해서 기록할 블록을 생성해야 합니다. 암호화폐의 채굴(Mining)이란 해당 블록체인에서 합의된 알고리즘을 통해 새로운 블록을 생성 및 검증하는 과정에 참여하고 그 대가로 암호화폐를 얻는 행위를 말합니다.

채굴이라는 용어를 사용하는 이유는 새로운 블록을 생성하기 위해 마치 금을 캐는 것처럼 많은 시간과 노력이 들어가기 때문입니다. 여기서 '합의 알고리즘'이란 블록체인 시스템에 속한 모든 노드(Node, 블록체인의 정보를 저장한 시스템)가 동일한 정보를 보유할 수 있도록 새로운 기록의 공유 및 검증 등을 수행하는 알고리즘을 가리킵니다. 노드는 블록체인 네트워크상에 분산돼 있으므로 모든 노드가 동시에 동기화되기 어렵습니다. 따라서 합의된 알고리즘을 통해 노드가 서로 연결돼 있고, 최종적으로 동일한 기록을 저장할 수 있도록 검증이 이뤄집니다.

합의 알고리즘의 가장 대표적인 예로 컴퓨터의 연산을 통해 이뤄지는 작업증명(Proof of Work, PoW)이 있습니다. 비트코인이나 이더리움과 같은 가장 널리 알려진 블록체인 네트워크에서 채택한 방법입니다. 이들 네트워크에선 작업증명을 통해 블록의 생성 및 검증이 이뤄지므로, 연산 능력이 우수한 컴퓨터나 최신 그래픽카드를 이용해 이러한 연산에 참여하는 것이 채굴 행위라고 할 수 있습니다. 비트코인과 이더리움의 경우 블록이 생성될수록, 더 많은 채굴자가 참여할수록, 전체 컴퓨팅 파워가 높아질수록 새로운 블록을 생성하기 위한 난이도가 상승하도록 설계돼 있습니다. 현재는 개인이 PC를 이용해 채굴하는 게 사실상 불가능합니다.

이런 문제를 해결하기 위해 다양한 채굴 풀(Mining Pool)이 만들어졌습니다. 각 채굴자는 본인 컴퓨터 연산 능력을 채굴 풀에 제공하고, 해당 풀에서 채굴에 성공하면 기여한 연산 능력에 따라 풀의 수수료를 제외한 암호화폐를 나눠 받습니다. 이러한 작업증명에 많은 전력이 필요해 지구 온난화를 가속한다는 비판이 제기됐습니다. 이를 해결하기 위해 지분증명(Proof of Stake, PoS)과 같은 다른 합의 알고리즘을 적용한 블록체인(암호화폐)도 다수 개발됐습니다. 이더리움 역시 지분증명을 적용하기 위한 개발을 진행하고 있습니다.

Q 가상자산은 어디에 어떻게 보관하나요?

일반적으로 돈이 있으면 대부분 은행, 증권회사, 보험회사 등에 계좌 등을 개설한 뒤 각종 금융상품에 가입하는 형태로 돈을 보관합니다. 개인 금고나 지갑에 현금을 보관할 수도 있습니다. 가상자산도 적법하게 등록을 마친 국내 가상자산거래소(업비트, 빗썸, 코인빗, 코인원 등)에 계좌를 개설한 후 거래소에 가상자산을 보관합니다. 별도로 가상자산을 위한 개인 계좌나 지갑을 만들어 보관하는 것도 가능합니다.

대부분은 국내 가상자산거래소에 계좌를 개설해 보관할 것입니다. 국내 법률에 따라 적법하게 등록을 마친 거래소라는 점에서 믿고 맡길 수 있습니다. 또한 가상자산거래소의 특성상 원화 입출금을 편하고 자유롭게 거래할 수 있습니다.

국내 가상자산거래소가 아닌 해외 가상자산거래소에 가상자산을 보유할 수도 있습니다. 주요 거래소는 코인베이스(Coinbase), 크라켄(Kraken), 로빈후드(Robinhood), 바이낸스(Binance) 등입니다. 해외 가상자산거래소에선 단순한 매매 외에도 거래소가 직접 발행한 스테이블코인(Stable Coin)을 이용해 다양한 거래를 할 수 있습니다.

일부 투자자들은 디파이(DeFi)라고 불리는 탈중앙화 금융을 이용해 가상자산을 보관하기도 합니다. 디파이를 통해 가상자산을 보관하는 경우 높은 이자를 제시하는 다양한 투자상품을 이용할 수 있습니다. 다만 보안 측면에서 해킹 위험이 가상자산 거래소에 비해 높으며, 일부 검증되지 않은 프로젝트(상품)에 참여하는 경우 전체 원금을 잃게 될 우려가 있습니다.

마지막으로 투자자 개인이 직접 가상자산을 보관할 수 있는 지갑을 만들 수도 있습니다. 해당 지갑이 인터넷에 연결돼 있는지를 기준으로 '콜드월렛'과 '핫월렛'으로 구분됩니다. 핫월렛은 인터넷을 통해 실시간으로 거래 정보를 주고받을 수 있어 편리합니다. 하지만 해킹 등 보안에 취약한 단점도 있죠. 인터넷이 차단된 하드웨어 장치에 가상자산을 보관하는 콜드월렛은 해킹 등 보안에 강점이 있지만 실시간 거래가 불가능하다는 단점이 있습니다.

OPENING　Question

가상자산을 맡기면 이자를 주나요?

테라폼랩스가 발행한 암호화폐 루나와 스테이블코인 테라가 폭락한 사태가 있었습니다. 이와 관련해 테라폼랩스가 테라를 맡기는 투자자들에게 연 20%의 수익을 약속했는데 이는 폰지사기, 즉 다단계 금융사기에 해당한다는 주장이 나왔습니다. 그 밖에도 루나 코인 스테이킹으로 연 8% 이익을 얻는 방법과 관련한 다양한 글들도 온라인상에서 확인할 수 있습니다.

가상자산으로도 이자를 받을 수 있을까요? 테라와 루나는 모두 가상자산인데 연 20%와 연 8% 등 수익률이 큰 차이를 보이는 이유는 무엇일까요?

결론부터 이야기하면 가상자산으로도 이자를 지급받을 수 있습니다. 이자를 지급받는 방법에는 크게 '스테이킹(Staking)'과 '예치(Deposit·Savings)' 두 가지가 있습니다. 이 중 어떤 방식을 선택하는지에 따라 수익률이 달라질 수 있습니다.

먼저 스테이킹이란 '돈을 건다, 말뚝을 박는다'라는 사전적 의미에서 짐작할 수 있습니다. 자신이 보유한 가상자산의 일정한 양을 지분으로 고정해 맡기고 그에 대한 보상으로 가상자산을 받는 방식인데, 스테이킹 기간 동안 가상자산을 회수할 수 없어서 일반적으로 은행의 적금에 비유됩니다.

예치란 가상자산을 예치하고 이에 대한 대가로 가상자산을 받는다는 점에서 스테이킹과 유사하다고 할 수 있습니다. 하지만 가상자산을 운용하는 회사들이 예치 받은 가상자산을 사용해 직접 차익거래나 디파이(DeFi)를 통해 낸 수익을 나눠 주는 방식이라는 점에서 스테이킹과 구별됩니다.

투자자들이 디파이 플랫폼에 가상자산을 빌려주면 디파이 플랫폼은 다른 투자자에게 가상자산을 빌려주고 대출이자를 받습니다. 이러한 가상자산 대출이자 중에서 수수료를 제외한 부분이 투자자들에게 일종의 예금이자와 유사하게 돌아가는 것입니다.

다시 테라폼랩스가 발행한 루나와 테라의 이자 수익 광고로 돌아가 봅시다. '루나 코인 스테이킹으로 연 8% 수익'이라는 건 가상자산으로 이자를 받는 방법 중 스테이킹의 형태로 볼 수 있습니다. '테라를 맡기는 투자자들에게 연 20%의 수익'은 예치의 방법으로 이자를 받는 구조입니다. 이자를 받는 방식이 다르므로 수익률도 차이가 나는 것입니다.

가상자산 Ⓐ Ⓑ Ⓒ

Q 가상자산을 활용해 어떤 것들을 할 수 있나요?

가상자산에 대한 관심이 커졌습니다. 대부분 투자 대상으로 가상자산을 바라봅니다. 실제 생활에서 가상자산으로 무엇을 할 수 있길래 투자 대상으로 관심을 갖는 걸까요?

가상자산으로 할 수 있는 대표적인 것이 이자를 지급받기 위한 스테이킹(Staking)과 예치(Deposit·Savings)입니다. 이 밖에도 가상자산을 사용해 물품을 구매하는 등 지급결제 수단으로도 활용할 수 있습니다.

해외에는 비트코인을 결제 수단으로 받아들이는 사업체가 상당히 많습니다. 국내에서는 그렇지 않습니다. 일부 가상자산이 자체 플랫폼에서 지급결제 수단으로 사용할 수 있도록 하는 사례는 종종 있습니다. 하지만 범용성을 지닌 지급결제 수단으로 활용되는 사례는 찾아보기 힘들죠. 가상자산을 지급결제 수단으로 활용하기 위해서는 금융정보분석원에 가상자산거래소로 신고해야 하는 등 여러 규제가 있기 때문입니다.

최근 가상자산을 가진 이용자가 편의점, 음식점 등의 가맹점에서 결제하는 경우가 있었습니다. 이때 계열회사를 통해 이용자가 사용한 가상자산을 매매한 후, 정산대금을 현금으로 가맹점에 지급하는 서비스죠. 이에 규제당국인 금융정보분석원(FIU)에서 "해당 거래구조에서 서비스를 제공하는 사업자가 가상자산을 매도·매수하게 되므로 가상자산사업자로 신고해야 지급결제 서비스를 계속 제공할 수 있다"고 판단한 사례가 있습니다.

한편 싸이월드가 기존의 미니홈피와 메타버스, 가상자산을 결합한 새로운 방식의 '메타홈피' 사업을 진행한다고 발표해 업계의 주목을 받기도 했습니다. 이처럼 여러 사업자가 가상자산을 활용한 다양한 사업모델을 속속 발표하고 있습니다. 가상자산 활용 방법에 대해 계속 관심갖고 지켜볼 필요가 있는 것이죠.

OPENING   Guide 01

가상자산 거래플랫폼과 사고 파는 방법

가상자산(암호화폐)의 경우 주식과 달리 중앙화된 거래소가 존재하지 않고 업비트, 빗썸, 코인원과 같은 개별 거래소들이 각자 독립적인 거래플랫폼으로서 서비스를 제공하고 있습니다. 외국 거래소 중에서는 바이낸스(Binance), 코인베이스(Coinbase Exchange), 후오비(Huobi Global) 등이 잘 알려져 있습니다.

개별 거래소들은 독자적인 심사를 통해 각 거래소에서 거래할 코인을 결정하는데, 거래소에서는 이를 '상장'이라고 부르고 있습니다. 이는 단순히 해당 거래소에서 심사를 통과한 가상자산의 거래를 허용 또는 가능하게 한다는 의미일 뿐, 주식시장에서 상장이 의미하는 '회사 공개를 통한 자금 조달'과는 성격이 다릅니다.

각 거래소는 개별적으로 거래할 수 있는 가상자산을 결정하고 있어 거래소마다 거래가 가능한 가상자산의 종류가 다르고, 특정 거래소에서만 거래가 가능한 가상자산도 있습니다. 국내에서 가장 거래량이 많은 거래소인 업비트의 경우 2022년 5월 현재 약 180종류의 가상자산 및 NFT를 거래할 수 있습니다. 따라서 가상자산 거래를 위해서는 먼저 내가 거래하고자 하는 가상자산이 어떤 거래소에서 거래 가능한지 확인해야 합니다. 잘 알려진 가상자산인 비트코인, 이더리움 등은 국내외 대부분의 거래소에서 거래할 수 있으므로, 원하는 거래소를 선택해 거래할 수 있습니다. 다만 중앙화된 거래소나 시스템이 존재하지 않아서 거래

180종
업비트에서 거래 가능한 가상자산 수
2022년 5월 기준

coinone

BINANCE

coinbase

소마다 가격이 다르므로, 전체 거래소의 평균적인 가격에 비해 가격 차이가 너무 큰 거래소는 피하는 것이 좋습니다. 가상자산에 대한 전 세계 거래소의 평균적인 가격은 코인마켓캡(Coinmarketcap.com)에서 확인할 수 있습니다.

가상자산은 24시간 연속으로 거래할 수 있고 같은 가상자산에 대해서는 국내외 거래소의 차이가 없기 때문에 '바이낸스'와 같이 세계적으로 가장 잘 알려진 거래소를 이용할 수도 있습니다. 하지만 원화를 이용해 가상자산을 거래하기 위해서는 국내 은행과 입출금 계약을 체결한 국내 거래소를 이용해야 합니다. 아래에서는 '빗썸'을 기준으로 거래 방법을 구체적으로 설명하겠습니다. 가상자산별 거래가 가능한 거래소 및 거래량은 코인마켓캡에서 해당 코인을 선택하면 보이는 페이지의 '시장' 부분을 선택하면 확인할 수 있습니다.

거래소를 선택했다면 각 거래소에서 정한 절차에 따라 원화 또는 가상자산을 입금합니다. 빗썸의 경우 2022년 5월 기준으로 NH농협은행 계좌 인증을 통해 원화를 입금할 수 있고, 입금 지갑을 생성해 비트코인, 이더리움 등의 가상자산을 입금할 수 있습니다. 원화를 입금하면 입금한 원화만큼의 빗썸캐쉬가, 가상자산을 입금하면 이체 수수료를 제외한 가상자산이 개인 자산 항목에 표시됩니다. 빗썸에는 원화를 기초 자산으로 하는 마켓 및 비트코인(BTC)을 기초 자산으로 하는 마켓이 존재하는데, 별다른 설정 없이 각 거래소를 자유롭게 이용할 수 있습니다.

> 거래소마다 거래가 가능한 가상자산의 종류가 다르고, 때에 따라서는 특정 거래소에서만 거래가 가능한 가상자산도 있다.

거래소별 절차에 따라 입금 후 거래

예를 들어 이용자가 1비트코인을 빗썸에 입금했다면, 원화 마켓에서 이를 매도해 빗썸캐쉬(원화)를 얻거나 비트코인 마켓에서 비트코인으로 금액이 표시된 다른 가상자산을 살 수도 있습니다. 거래소에서는 가상자산을 판매한 대금을 원화로 출금할 수 있고, 원화를 입금해 구입한 가상자산을 그대로 출금할 수도 있습니다. 빗썸을 예로 들면, 가상자산 판매 후 받은 빗썸캐쉬는 지정된 계좌를 통해 원화로 출금할 수 있습니다(1빗썸캐쉬=1원). 가상자산 자체를 출금하고자 할 때는 이를 이체해 저장할 수 있는 지갑이 필요합니다. 지갑에는 USB 형태의 하드웨어 지갑, '삼성 블록체인 월렛'과 같은 애플리케이션 지갑, 컴퓨터에 설치할 수 있는 데스크톱 지갑 및 인터넷상에서 만들 수 있는 웹 지갑 등이 있습니다.

삼성 블록체인 월렛은 처음 실행하면 기본적으로 비트코인과 이더리움 지갑이 존재하고, 필요한 가상자산이나 토큰을 추가해 사용할 수 있습니다(모든 가상자산을 지원하는 것은 아닙니다). 웹 지갑 중에서는 마이이더월렛(Myetherwallet.com)이 가장 널리 알려져 있습니다. 이 지갑에는 이더리움 및 이더리움을 이용해 만들어진 토큰 등을 저장할 수 있습니다.

정리하면 가상자산의 경우 주식과 같이 중앙화된 거래소가 존재하지 않고, 개별 거래소가 각자 거래플랫폼으로서 서비스를 제공하고 있습니다. 이들 거래소는 독자적으로 거래할 수 있는 가상자산을 심사해 상장하고 있으므로, 가상자산 거래를 위해서는 먼저 내가 거래하고자 하는 가상자산이 어떤 거래소에서 활발하게 거래되고 있는지 확인해야 합니다.

다음으로 각 거래소에서 안내하는 절차에 따라 원화(국내 거래소만 가능) 또는 가상자산을 입금한 후 거래할 수 있습니다. 출금 역시 각 거래소의 안내에 따라 쉽게 진행할 수 있지만, 가상자산을 그대로 출금하고자 하는 경우에는 이를 저장할 수 있는 별도의 지갑이 있어야 합니다.

OPENING　Guide 02

NFT 거래플랫폼과 이용 방법

오픈씨는 2017년 12월 미국에 설립된 회사이며 이더리움 기반 디지털 자산 거래를 지원하는 P2P(Peer 2 Peer) 방식의 NFT 거래소입니다. 디지털 아트워크, 컬렉터블, 도메인명, 게임 아이템 등 모든 유형의 NFT 관련 파생상품을 거래할 수 있는 곳으로서 2022년 5월 기준 4000만개 이상의 아이템이 거래되고 있습니다.

NFT 거래소에 중 90% 이상의 시장점유율을 보이는 대표적인 NFT 거래소는 오픈씨입니다.

최근에는 이더리움 외에도 폴리곤(MATIC) 네트워크와 클레이튼(Klayth) 네트워크를 이용한 거래도 가능합니다. 오픈씨는 전 세계 창작자를 비롯해 투자자(아트 컬렉터)들이 많이 모여 있기 때문에 NFT 작품 거래에 입문하는 초보자들이 작품을 민팅(NFT로 만드는 것)할 때 선호하는 마켓입니다. 오픈씨의 거래방식은 크게 세 가지로, 고정가격거래(Fixed-Price Listings), 일반경매방식(Highest-Bid Auctions), 가격하락거래(Declining-Price Listings)가 있습니다.

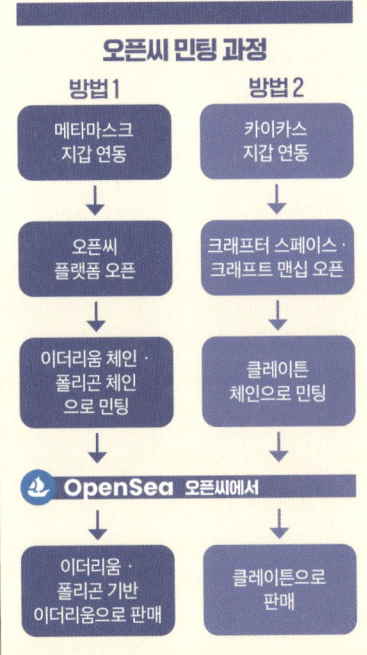

오픈씨 민팅 과정

방법 1
메타마스크 지갑 연동
↓
오픈씨 플랫폼 오픈
↓
이더리움 체인 · 폴리곤 체인으로 민팅
↓
OpenSea 오픈씨에서
↓
이더리움 · 폴리곤 기반 이더리움으로 판매

방법 2
카이카스 지갑 연동
↓
크래프터 스페이스 · 크래프트 맨십 오픈
↓
클레이튼 체인으로 민팅
↓
클레이튼으로 판매

NFT 거래플랫폼을 이용한다는 것은 NFT를 민팅하는 것과 리스팅(판매를 개시하는 것)하는 것을 의미합니다. 대체로 거의 모든 플랫폼에서는 민팅과 리스팅 서비스를 제공하고 있습니다. 카카오의 계열사인 그라운드X의 클립드롭스(Klipdrops)에서도 민팅과 리스팅 모두 가능하지만 일부 마켓 플랫폼은 민팅 서비스만 제공하는 경우도 있습니다.

오픈씨를 예로 들면 거래플랫폼을 이용하기 위해서는 아이디, 패스워드를 사용하는 것이 아니라 암호화폐 지갑을 사용해야 합니다. 현재 오픈씨와 연계된 지갑 종류는 15개로 알려져 있습니다. 가장 대표적인 것은 메타마스크(Metamask)인데, 이는 이더리움 개인

지갑을 편리하고 안전하게 관리할 수 있는 구글 확장프로그램으로 현재는 모바일 앱도 활발하게 사용되고 있습니다. 메타마스크 지갑을 열 경우 이더리움과 폴리곤 기반 이더리움을 거래 토큰으로 사용할 수 있습니다. 카이카스(KaiKas)는 웹사이트에서 클레이튼 네트워크와 상호 작용하는 브라우저 확장 프로그램이므로, 카이카스 지갑을 열 경우 클레이튼을 거래토큰으로 사용할 수 있습니다. 이런 암호화폐 지갑을 생성하고 암호설정을 하면서, 지갑을 복구할 비밀백업 문구(시드키)도 만들어야 하는데 만일 시드키를 잃어버리면 탈중앙화라는 성격상 갖고 있는 지갑 내 자산을 찾을 수 없기 때문에 주의해야 합니다.

민팅 리스팅 위해 가스피 필요

NFT는 블록체인에 기록되는 데이터를 주고받는 과정에서 네트워크 이용료가 필요합니다. 이를 가스피(Gas fee)라고 하며 민팅과 리스팅을 위해서는 가스피가 필요합니다.

기존의 중앙화된 거래에서는 개별 사업자에게 수수료 명목으로 비용이 지급됐는데, 블록체인 네트워크 사용에도 비용이 들어간다는 점에서 블록체인 네트워크 사용을 공짜라고 오해해서는 안 됩니다. 가스피를 위해 연동한 지갑에 코인을 송금해 지급을 할 수 있도록 대비하는 것이 필요합니다.

참고로 구매자의 경우 오픈씨 거래 수

오픈씨에 NFT 작품을 민팅하기 위한 순서
① 코인 거래소 계정 열기
② 코인 지갑 만들기
③ 지갑 연동해서 오픈씨 계정 만들기
④ 연동한 지갑으로 코인 송금해서 리스팅 수수료(Gas fees) 준비하기

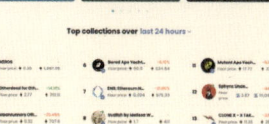

1. https://opensea.io/gas-free

수료는 거래 1회당 2.5%이며, 최초 판매자 등록을 하는 경우 오픈씨 거래소와 연동 지갑을 연결하기 위한 가스 수수료는 계정 1개당 처음 1회에 약 80달러의 비용이 발생합니다. 물론 경매를 신청하는 경우와 구매자의 가격 제안을 수락할 때도 가스피를 지불해야 합니다. 최근 오픈씨에서는 폴리곤에 기반을 둔 가스피 마켓(Gas Fee Market)도 도입하고 있습니다.[1] 이는 폴리곤을 통해 거래할 때는 수수료가 필요하지 않다는 것입니다.

NFT를 거래하기 위해 오픈씨를 플랫폼으로 정하면 오픈씨를 기반으로 한 민팅 플랫폼을 선택할 수 있습니다.

가장 많은 거래가 이뤄지는 오픈씨

따라서 암호화폐 지갑으로 메타마스크를 사용할 경우 오픈씨에서 이더리움으로 민팅하고 오픈씨에서 이더리움으로 판매하는 것이 가능하고, 오픈씨에서 폴리곤으로 민팅하고 오픈씨에서 폴리곤 기반 이더리움으로 판매하는 것도 가능합니다.

가장 거래가 많이 이뤄지는 방법은 아무래도 전 세계 코인 시총 2위로서 약 2000만개 이상의 NFT가 거래되는 이더리움 기반 판매, 즉 오픈씨에서 이더리움으로 민팅하고 오픈씨에서 이더리움으로 판매하는 것입니다. 수수료가 비싸지만 이더리움을 사용하는 투자자가 많아서 시장이 넓고 그만큼 판매 기회가 더 많습니다.

OPENING | Issue

P2E 게임을 둘러싼 논쟁, 막아야 하나 vs 키워야 하나

스티븐 스필버그 감독의 영화 〈레디 플레이어 원〉은 메타버스 게임의 미래를 가장 잘 보여준 작품 중 하나입니다. 이용자들은 게임 '오아시스'에 접속해 미션을 수행하며 코인과 아이템을 얻고 이를 통해 아바타를 더욱 발전시킵니다. 코인과 아이템은 현실에서도 자산 가치를 지닙니다.
영화 속 이야기가 점차 현실화하고 있습니다. 제페토와 로블록스 같은 메타버스에 참여하는 이들이 급증하고 있습니다. 이들 역시 아바타에 입힐 옷 등 아이템을 거래하기도 하죠. 가상세계에서의 경제활동은 이미 시작됐습니다. 이런 과정에서 등장한 블록체인 기반의 P2E(Play to Earn) 게임을 둘러싼 논쟁이 뜨겁습니다. 게임을 통해 수익을 창출하는 P2E 게임을 국내에선 불법으로 규정하고 있습니다. 사행성 우려 때문입니다. 반대로 게임산업은 물론 이와 관련된 메타버스와 대체불가능토큰(NFT) 기술의 글로벌 경쟁력 강화를 위해 규제를 개선해야 한다는 지적도 나옵니다. P2E 게임에 대해 엇갈린 평가를 살펴보면 어떤 긍정적, 부정적 영향이 있는지 파악할 수 있습니다. 이를 통해 글로벌 게임 산업의 흐름과 메타버스, NFT의 미래에 대한 이해도 역시 높일 수 있습니다.

바다이야기와 P2E

P2E 개념이 글로벌 게임 시장에서 관심을 끈 건 베트남 스타트업 스카이바미스가 개발한 '엑시인피니티'를 통해서입니다. '엑시'라는 몬스터를 구매해 다른 엑시들과 겨뤄 이기면 스무스러브포션(SLP)을 받는 게임입니다. 이용자들은 SLP를 모은 뒤 가상자산 거래소에서 현금화할 수 있습니다.
국내에선 위메이드가 2021년 '미르4 글로벌' 버전에 P2E 방식을 적용해 주목받았습니다. 이후 엔씨소프트, 넷마블, 카카오게임즈, 컴투스, 네오위즈 등도 이 시장에 뛰어들었습니다. 넥슨도 2022년 6월 NFT 중심의 생태계인 '메이플스토리 유니버스'를 제시했습니다. 이젠 P2E 게임을 출시하지 않은 게임사를 찾는 게 더 어려울 정도입니다.

 P2E 게임에 NFT·메타버스 연계, 성장 잠재력 커
국내에선 사행성 우려해 P2E 금지, '갈라파고스 규제' 지적
'바다이야기' 트라우마 걷어내고 가상세계 확장 나서야

PLAY TO EARN

그런데 정부는 P2E 게임의 국내 서비스를 금지하고 있습니다. 이용자들이 게임을 하는 과정에서 NFT를 생성하고 이를 현금화할 수 있는 특성상 게임보다 NFT에 몰입하는 등 사행성을 조장할 수 있다는 이유에서입니다.

이런 부정적 시각의 배경에는 2004년 등장한 '바다이야기' 사태가 있습니다. 일본 파칭코와 비슷한 도박게임으로, 바다생물들이 등장해 이 같은 이름이 지어졌습니다. 게임에서 이기면 현금이 아닌 상품권을 주고, 이를 인근의 환전소에서 현금으로 바꿔주는 수법으로 한동안 경찰의 단속도 피했습니다. 바다이야기 간판을 내건 게임장이 곳곳에 들어섰고, 이곳에서 재산을 탕진하는 이들이 속출하는 등 심각한 중독성으로 사회 문제가 됐습니다.

이 사태를 계기로 2006년 게임물등급위원회(현 게임물관리위원회)가 설립되기도 했습니다. 게임산업진흥에 관한 법률 제32조제1항제7호에선 게임물의 이용을 통해 획득한 유무형의 결과물을 환전 또는 환전 알선하거나 재매입을 업으로 하는 행위를 금지하고 있습니다. 정부 입장에선 자칫 P2E 게임을 허용했다가 '제2의 바다이야기' 사태가 발생하지 않을까 우려하고 있습니다.

갈라파고스 신드롬

P2E 게임에 신중한 접근이 필요한 건 맞지만 이를 불법으로 단정 짓는 건 바람직하지 않다는 의견도 있습니다. 현재 P2E 게임 서비스를 금지한 국가는 한국, 중국, 싱가포르뿐입니다. 다른 국가에선 P2E 게임 서비스가 자유롭게 이뤄지면서 관련 시장이 빠르게 형성되고 있습니다. P2E 시장을 누가 선점하느냐에 따라 향후 게임산업의 판도가 달라질 수 있다는 관측도 나옵니다. 국내 게임업체들도 해외에 P2E 게임을 앞다퉈 내놓고 있습니다. 하지만 국내 서비스 불가로 인해 역량 강화가 더디게 진행된다면 향후 글로벌 경쟁에서도 뒤처질 수 있다는 지적에 힘이 실립니다.

정부 규제의 주된 근거인 '환전성'이 P2E 게임의 전부는 아니라는 점도 생각해 볼 문제입니다. 게임에서 얻은 아이템 등은 NFT로 바꿔 거래하거나, 또 다른 NFT 프로젝트에서도 활용할 수 있습니다. 이를 통해 가상세계가 게임의 틀을 벗어나 보다 확장되는 효과를 볼 수 있습니다. 글로벌 게임사들은 이와 같은 '블록체인 생태계' 구축을 염두에 두고 P2E 게임을 내놓고 있습니다. 이를 환전성으로만 해석하기엔 무리가 있다는 논리입니다.

P2E와 NFT의 상생

P2E 게임은 NFT, 메타버스 기술과 융복합 형태로 발전하고 있다는 점에도 주목할 필요가 있습니다. 특히 NFT를 기반으로 각종 디지털 콘텐츠는 물론 다양한 산업이 접목되고 있습니다. 이 중 유독 게임만 출시가 안 된다는 건 문제가 있다는 것입니다.

가상세계에서의 경제활동은 이미 막을 수 없는 시대적 흐름입니다. 저작권 분쟁, 사행성 우려 등 부작용을 최소화할 수 있는 가이드라인이 필요하다는 주장에 힘이 실리는 이유죠. P2E 게임의 사행성 요소를 면밀히 검토하고 청소년 접근을 금지하는 등의 방식으로 부정적 영향을 최소화할 수 있다고 전문가들은 조언합니다.

이와 함께 규제 샌드박스 적용을 통해 이용자와 시장의 선택을 받도록 해야 한다는 주장도 있습니다. 보다 바람직한 가상세계를 구현하고, 그 안에서 다양한 경제·문화적 교류가 이뤄지도록 지혜를 모아야 하는 시점입니다.

by_ **최진석** 한국경제신문 사회부 법조팀장

SECTION 1
가상자산 관련 법적 분쟁과 쟁점

100만달러 이상인 비트코인 지갑

10만886개
2021년 11월

2만6284개
2022년 7월

암호화폐 시장의 비극 '루나·테라'

2022년 5월 한국산 코인 루나(LUNA)와 자매 스테이블코인 테라 USD(UST)의 대폭락이 전체 암호화폐에 대한 신뢰를 잃게 하며 전체 시장이 큰 타격을 받았다. 일각에서는 테라와 루나의 폭락을 리먼 브라더스 사태로 촉발된 2008년 금융 위기와 비교하기도 한다. 실제로 이후 암호화폐의 대표 격인 비트코인(BTC)의 가격이 끝을 모르고 추락해 2022년 7월 현재 2700만원까지 떨어졌다. 이번 폭락 사태로 스테이블코인에 대한 위험성이 알려지면서 규제를 강화하려는 움직임이 세계 각국에서 나타나고 있다.

2022년 상반기 한국을 뒤흔든 이슈 '톱5'
(한경비즈니스 2022.07.05)

자료 비트인포차트
※ 2022년 7월 1일 기준

SECTION 1   Case 01

암호화폐 시세조종, 미공개정보 이용도 처벌받나요?

'현대사회에 남은 희망은 부동산, 주식, 코인'이라는 말이 있습니다. 부동산은 부담스러운 가격 탓에 갖기 힘들고, 주식은 어렵습니다. 조급해진 사람들은 이름도 생소한 코인에 현혹돼 온종일 코인 시세 창을 들여다봅니다. 코인으로 몇십, 몇백 배 수익을 낸 사람도 있다고 하는데 막상 투자하면 돈을 잃기 십상입니다.

2021년 9월, 일본 머스크가 "플로키가 도착했다"는 트윗 하나를 띄우자 '시바플로키' 코인 가격은 5574% 폭등했습니다. [v1] "월마트가 결제 수단으로 '라이코인'을 허용할 수 있다"는 가짜 뉴스가 보도된 이후 라이코인 가격은 35% 급등했습니다. 상장 30분 만에 1000배 폭등한 '아로와나 토큰'과 일주일 사이에 가격이 99% 폭락한 '루나' 이야기도 있습니다. 투자 가치가 있는 코인인지 소위 잡코인인지 구별하는 것도 쉽지 않습니다. 투자 가치가 있는 코인이라 해도 가격 형성에 시장의 원칙이 제대로 작동하고 있는지 누구도 장담할 수 없습니다. 가상자산 투자의 본질적인 위험성에 불법성 논란까지 더해지자 파급효과는 더 커졌습니다.

35% 라이코인 가격 급등

1000배 아로와나 토큰 폭등

99% 루나 폭락

조작 무법지대인 가상화폐 시장

자본시장과 금융투자업에 관한 법률(이하 자본시장법)은 시장의 원칙에 따라 형성돼야 할 주가에 인위적인 영향을 가해 주가를 '조작'하는 행위를 엄격히 금지하고 있습니다. 이를 위반하는 경우 형사처벌을 받습니다. 하지만 암호화폐 투자에 자본시장법은 적용되지 않습니다. 최근 시행된 특정 금융거래정보의 보고 및 이용 등에 관한 법률은 가상자산 사업자의 금융정보분석원 신고 및 이를 위한 실명계좌의 발급을 규정하고 있으나 이는 자금세탁 방지를 위한 법률입니다. 암호화폐 시장의 조작에 관한 실질적인 규제 수단이 되지 못하는 상황입니다. 투자자 보호를 위한 그 어떤 장치도 존재하지 않습니다.

국내에서 발행된 암호화폐 120여 개 중 상당수에 불공정 거래 의혹이 있다는 분석도 있습니다. [v2] 심지어 돈을 받고 조직적으로 시세조종을 해주는 컨설팅 업체까지 등장했다고 하니 '무법지대'라는 말이 틀리지 않습니다. 물론 허위 정보로 암호화폐를 매수하도록 유인했다면 사기죄로 처벌할 수 있을 것입니다. 그러나 개개인의 피해자가 가

인수위 가상자산 정책 검토사항

자료 대통령직 인수위원회

	증권형	비증권형
특징	부동산·주식·그림 등 전통자산 담보 가상자산 발행	담보자산 없음
발행방식	증권형토큰 발행(STO)	거래소 통한 가상자산공개(IEO), 가상자산공개(ICO)
필요사항	자본시장법 개정, 거래플랫폼 확장	디지털자산 기본법 제정

해자를 특정하고 기만행위를 입증해 고소하는 건 쉽지 않습니다. 고소한다고 해도 돈을 돌려받을 수 있는 것도 아닙니다. 투자자를 보호하는 정책 마련이 시급합니다. 국회에 계류 중인 법안 대부분이 가상자산의 발행을 통제하고 시세조종, 미공개 정보 이용 등 불공정 거래행위를 규율하는 내용을 포함하고 있는 것도 바로 이런 이유일 것입니다.

안전한 투자를 위한 규제 방안

2021년 말 금융위원회는 가상자산 업계에 대한 규제 방안을 처음 발표했습니다. 민간 협회를 통한 자율적인 규제가 원칙으로, 당국이 시정 명령권 등 최소한의 감독권만 보유하는 방식입니다. 윤석열 정부는 디지털자산 기본법을 제정해 가상자산 산업을 육성하고, 그에 따른 규제도 마련해 투자자와 소비자를 보호한다는 입장을 발표했습니다. NFT 등 디지털자산의 발행, 상장, 주요 행위 규제 등 소비자 보호 및 거래 안정성 제고 방안을 마련하겠다는 겁니다. 또 국제결제은행(BIS), 금융안정위원회(FSB) 등 국제금융기구 및 미국 행정명령 등 각국 규제 체계 논의 동향이 제때 반영될 수 있도록 규제의 탄력성을 확보할 방침입니다.

가상자산의 경제적 실질에 따라 가상자산을 '증권형'과 '비증권형'(유틸리티, 지급결제 등)으로 나누고, 증권형 코인에는 자본시장법의 규율체계를 적용할 예정입니다.

투자자 보호장치가 확보돼야 국내 암호화폐공개(ICO)가 허용되고 시세조종, 미공개 정보 이용 등의 불공정 거래는 처벌 대상이 됩니다. 비증권형 가상자산의 경우에도 계류 중인 법안 논의를 통해 발행, 상장, 불공정 거래 방지 등의 규율 체계가 마련됩니다. 또한 해킹 및 시스템 오류에 대비한 보험제도를 도입하고, 부당거래 수익 환수 등 이용자가 안전하게 투자할 수 있는 여건을 마련하기로 했습니다.

암호화폐 발행 시 규제 당국이 투자자 보호 방안 여부를 심사한다고 하니 반가운 소식입니다. 규제의 효력이 나타나려면 시간이 필요하겠지만, 관련 법률이 제정되면 지금과 같은 무법지대는 사라질 전망입니다.

▼
1. 머스크 '개' 사진에 코인 5574% 폭등…美 정부 벼르고 있다 (중앙일보, 2021.09.14)

2. "다수 김치코인서 시세조종 의심" (한경코리아마켓, 2022.02.11)

SECTION 1 Case 02

착오로 이체된 가상자산을 처분하면 처벌받나요?

어느 날 내 은행 계좌를 열어보니 영문을 알 수 없는 10억원이 이체돼 있습니다. 갈등이 시작됩니다. 자금의 주인이 돌려달라고 하기 전에 재빨리 써버릴까 하는 생각도 듭니다. 대법원에서는 "공동체의 일원으로서 마땅히 잘못 이체된 돈을 돌려줄 의무가 있고 이를 위반해 임의로 돈을 사용하면 횡령죄에 해당한다"는 판결을 내놓기도 했습니다 (대법원 2010.12.9 선고 2010도891 판결). 10억원이니 특정경제범죄 가중처벌 등에 관한 법률 제3조제2호(이득액이 5억원 이상 50억원 미만일 때)에 해당하고 3년 이상의 유기징역을 받을 수도 있습니다. 그렇다면 내 거래소 지갑에 영문을 알 수 없는 200비트코인이 이체돼 있다면 어떨까요?
200비트코인은 현재(2022년 5월 10일 기준) 시세로 81억4000여만원입니다. 50억원이 넘으니 무기 또는 5년 이상의 징역에 처해질까요?

착오 이체된 비트코인을 임의로 처분했다면

2018년 6월 A씨는 자신의 거래소 계정에 출처를 알 수 없는 199.999비트코인이 이체돼

횡령죄와 배임죄의 차이

타인의 신임관계에 위배한다는 배신성을 본질로 하는 점에서는 동일하나 횡령죄는 개개의 특정한 재물에 관해 성립하고 배임죄는 재산상의 이익에 관해 성립하는 점에서 구별된다.

3만 2770건

디지털 자산 오입금
복구 요청 수
(2021년 12월 기준)
자료 업비트

있는 것을 발견했습니다. 재빨리 29.998비트코인을 자신의 다른 '계정 1'로, 169.996비트코인을 또 다른 '계정 2'로 이체했습니다. 검찰은 A씨를 특정경제범죄 가중처벌 등에 관한 법률의 횡령죄로 기소하면서 예비적으로 배임죄를 추가했습니다. 공동체의 일원인 A씨에게는 착오 송금한 피해자를 위해 위 비트코인을 보관하거나 관리할 의무가 있다는 것을 전제로 한 조치입니다. 이에 비트코인이 '재물'인지 '재산상 이익'인지가 쟁점으로 부각됐습니다.
비트코인이 재물이라면 횡령죄가, 재산상 이익이라면 배임죄가 적용되기 때문입니다. 1심 법원과 항소심 법원은 "비트코인은 재물이 아니라 재산상 이익이므로 A씨에게 배임죄가 성립한다"고 봤습니다. 횡령죄와 배임죄는 신임관계를 기본으로 하는 같은 죄질의 재산범죄입니다. 어떠한 법률관계 없이 돈을 이체받은 계좌명의인은 송금의뢰인에 대해 송금받은 돈을 반환할 의무가 있습니다. 가상자산을 원인 없이 이체받은 경우를 이와 달리 취급할 이유가 없다는 취지입니다. A씨가 배임죄의 주체인 '타인의 사

무를 처리하는 자에 해당한다고 본 것이죠. 그러나 대법원은 다르게 판단했습니다. 비트코인은 재산상 이익이지만 배임죄는 성립하지 않는다는 것입니다.

대법원 2021년 12월 16일 선고 2020도9789 판결

가상자산은 국가에 의해 통제받지 않고 블록체인 등 암호화된 분산원장에 의해 부여된 경제적인 가치가 디지털로 표상된 정보로서 재산상 이익에 해당한다. 가상자산은 보관됐던 전자지갑의 주소만을 확인할 수 있을 뿐 그 주소를 사용하는 사람의 인적 사항을 알 수 없고, 거래 내역이 분산 기록돼 있어 다른 계좌로 보낼 때 당사자 이외의 다른 사람이 참여해야 하는 등 일반적인 자산과는 구별되는 특징이 있다. 이와 같은 가상자산에 대해 현재까지 관련 법률에 따라 법정화폐에 준하는 규제가 이뤄지지 않는 등 법정화폐와 동일하게 취급되고 있지 않고 그 거래에 위험이 수반되므로, 형법을 적용하면서 법정화폐와 동일하게 보호해야 하는 것은 아니다. 원인불명으로 재산상 이익인 가상자산을 이체받은 자가 가상자산을 사용·처분한 경우 이를 형사처벌 하는 명문의 규정이 없는 현재 상황에서, 착오 송금 시 횡령죄 성립을 긍정한 판례를 유추하여 신의칙을 근거로 피고인을 배임죄로 처벌하는 것은 죄형법정주의에 반한다.

형사처벌이 쉽지 않은 가상화폐

대법원은 비트코인이 재산상 이익이라 하더라도 법정화폐와는 달리 취급해야 한다고 판단했습니다. 가상자산을 이체받은 경우 A씨가 신임관계에 기초해 피해자의 사무를 맡아 처리하는 것으로 볼 수 없다고 본 것이죠. 결국 착오 이체된 암호화폐를 임의로 사용해도 배임죄가 성립되지 않습니다. 가상자산에 관한 새로운 법률이 시행되고 있으므로 대법원의 입장이 그대로 유지될지는 알 수 없지만 아직은 착오로 이체된 가상자산을 임의로 사용하더라도 형사처벌이 쉽지 않은 상황으로 보입니다. 그렇다고 민사상 반환채무까지 면하는 것은 아닙니다. 원주인으로부터 민사소송에 시달릴 가능성이 크므로 착오로 이체된 돈은 돌려주는 것이 바람직합니다.

특정경제범죄 가중처벌

5억원 이상
50억원 미만

3년 이상의 유기징역

가상자산도 범죄수익으로 환수할 수 있나요?

불법 음란물 사이트 운영자, 다크넷 마약 판매상, 불법 도박 사이트 운영자가 취득한 범죄수익 환수 여부는 사법당국의 주요 과제 중 하나입니다. 환수한다면 어떤 방식으로 해야 할지도 큰 고민거리입니다. 가상자산에 대한 법률적 보호는 부인하면서도 범죄수익으로 취득한 가상자산은 환수해야 하는 딜레마에 빠진 것이지요.

몰수 판결 받은 암호화폐

수원지검은 2017년 불법 음란물 사이트를 개설해 122만명의 회원을 모집하고 음란물을 판매한 A씨를 수사하던 중 불법 음란물 다운로드의 대가로 받은 비트코인을 압수했습니다. 당시 이 비트코인을 몰수할 수 있는지 논란이 됐습니다. 1심 법원은 "비트코인을 몰수할 수 없다"고 판시했고, 항소심 법원은 원심을 뒤집고 "몰수할 수 있다"고 판단해 혼란이 커졌습니다. 이후 대법원은 비트코인을 몰수할 수 있다고 봤습니다. '범죄수익은닉의 규제 및 처벌 등에 관한 법률'은 중대범죄에 해당하는 범죄행위에 의해 생긴 재산 또는 그 범죄행위의 보수로 얻

4조756억원
가상자산 불법행위로 인한 피해 신고액
(2018년~2021년 8월)

체이널리시스 (Chainalysis)
2014년 미국 뉴욕에서 시작한 블록체인 데이터 분석 기업. 전 세계 금융회사, 정부 수사 기관, 가상자산사업자(암호화폐 거래소)에 암호화폐 범죄와 자금세탁 방지(AML)에 대한 데이터와 소프트웨어(SW)를 제공한다.

55조2000억원
국내 가상자산 시장규모
(2021년 12월)

은 재산을 범죄수익으로 정의하고, 범죄수익을 몰수할 수 있다고 규정합니다(제8조제1항제1호). 비트코인은 경제적 가치를 디지털로 전환한 암호화폐의 일종입니다. A씨가 음란사이트를 운영하면서 이용자와 광고주들로부터 비트코인을 대가로 지급받아 재산 가치가 있는 것으로 취급한 점을 고려했을 때, 비트코인을 무형의 재산이라고 봐야 한다는 것입니다(대법원 2018.5.30. 선고 2018도3619 판결).

대법원이 가상자산에 대한 몰수가 가능하다고 판시했음에도 수원지검은 몰수한 비트코인을 판결 이후 2년 넘게 보관해야 했습니다. 가상자산의 가치를 어떻게 평가해야 하는지, 어떤 절차를 거쳐 국고에 귀속할지에 관한 규정이 없었기 때문입니다. 판결 후 2년 10개월 만에 개정된 '특정 금융거래정보의 보고 및 이용 등에 관한 법률(이하 특금법)'은 가상자산을 '경제적 가치를 지닌 것으로서 전자적으로 거래 또는 이전될 수 있는 전자적 증표'로 명확히 규정하면서(제2조 제3호) 가상자산 사업자, 가상자산 거래의 유형도 설명하고 있습니다. 수원지검

의 가상자산을 몰수하면서 "암호화폐는 더 이상 범죄자들에게 안전한 천국이 아니다"라고 발표했습니다. 단일 규모로는 사상 최대 규모의 암호화폐 몰수입니다. 수사기관의 암호화폐 추적 기술이 그만큼 발전했다는 걸 보여주는 사례입니다.

한국 정부도 가상자산 범죄수익 환수를 위한 투자를 확대하고 있습니다. 경찰청은 2022년 초 날로 지능화하는 금융 범죄에 대응하기 위해 글로벌 암호화폐 거래 분석·포렌식 프로그램인 '체이널리시스(Chainalysis) 리액터'를 도입한다고 발표했습니다. 이 프로그램을 이용하면 가상자산의 지갑 주소를 기반으로 IP 주소를 추출하고 비트코인 거래 경로를 추적할 수 있습니다. 수사기법은 계속 발전할 것이고, 그에 따라 범죄수익 환수 비율도 높아질 겁니다.

은 특금법 시행 첫날인 2021년 3월 25일 몰수된 비트코인을 매각하고, 그 대금 122억 9400여만원을 국고에 귀속시켰습니다.

> 암호화폐는 더 이상 범죄자들에게 안전한 천국이 아니다

급증하는 가상자산 피해에 대응하는 암호화폐 추적 기술

금융위원회에 의하면 2021년 12월 기준 국내 가상자산 시장 규모는 55조2000억원입니다. 하루 평균 거래 규모는 11조3000억원이며 그 규모는 해마다 급증하고 있습니다. 그만큼 가상자산에 의한 피해 규모도 늘어나고 있습니다. 경찰청에 따르면 2018년부터 2021년 8월까지 가상자산 불법행위로 인한 피해 신고액은 4조756억원에 달하지만, 몰수·추징액은 3000억원도 채 되지 않는 것으로 확인됐습니다. 범죄자의 가상자산 활용 방식이 나날이 발전하고 있지만, 가상자산 거래 현황을 파악하고 은닉한 범죄수익을 추적할 수 있는 인력과 시스템은 아직 부족하기 때문입니다.

2022년 2월 미국 FBI는 비트파이넥스(Bitfinex) 해킹 사건과 관련된 35억달러(한화 약 4조5000억원, 2022.7.1 기준) 상당

가상자산과 무관한 범죄의 가상자산도 추징이 가능할까요?

최근 테라·루나 사태로 인해 정부와 국회가 제재방안을 만들 방침이라는 언론보도가 나왔습니다. 암호화폐 시장에서 미공개 정보를 이용하거나 시세 조종, 부정거래 등을 저지를 때 벌금 및 징역형에 처하거나 자격정지, 몰수·추징 등의 조처를 할 수 있다는 것이죠. 검찰과 경찰도 가상자산 범죄와 관련해 범죄수익 환수에 적극적으로 나설 것이라고 합니다.

여기에 두 가지 쟁점이 있습니다. 먼저 가상자산의 경제적 가치를 인정해 이를 몰수 또는 추징할 수 있을까요? 두 번째로 가상자산과 관련 없는 범죄에 대해서도 해당 범죄자가 보유한 가상자산에 대한 추징이 가능할까요?

대법원은 암호화폐의 일종인 비트코인은 경제적인 가치를 디지털로 표상해 전자적으로 이전, 저장과 거래가 가능하도록 한 가상자산의 일종으로 사기죄의 객체인 재산상 이익에 해당한다고 보고 있습니다(대법원 2021.11.11. 선고 2021도9855 판결).

그리고 '특정 금융거래정보의 보고 및 이용 등에 관한 법률(이하 특금법)' 제2조제3호에서 '가상자산'이란 경제적 가치를 지닌 것으로서 전자적으로 거래 또는 이전될 수 있는 전자적 증표를 말한다고 규정하고 있습니다. 그러므로 경제적 가치가 있는 가상자산에 대한 몰수·추징에 아무런 문제가 없습니다. 그렇다면 가상자산에 대한 몰수·추징은 가상자산 관련 범죄에만 가능한 것일까요?

몰수와 추징의 차이

먼저 개념부터 살펴봅시다. 몰수는 범죄의 반복을 방지하고 범죄로 인한 취득을 금지할 목적으로 범죄행위와 관련된 재산을 박탈해 국고에 귀속시키는 재산형입니다. 예를 들어 살인을 위해 사용한 무기나 도박으로 취득한 금품 등이 대상입니다. 반면에 추징은 몰수 대상이 되는 물건에 대한 몰수가 불능한 때에 그 가액을 추징하는 것입니다. 예를 들어 횡령한 금전을 모두 써버렸거나 뇌물로 받은 고가품을 분실, 훼손한 경우 등이 추징할 수 있는 상황에 해당합니다. 형법은 임의적 몰수 및 추징을 원칙으로 합니다. 상당수의 특별법은

> 가상자산의 시세 변동 폭이 커서 몰수 및 추징형을 집행한 시기에 따라 환수되는 범죄수익의 규모는 상당히 달라질 수 있다.

필요적 몰수 및 추징 규정을 두고 있고, 그 대상을 '불법 재산' 또는 '범죄수익'으로 표현하는 경우가 다수 있습니다. '임의적'은 해도 되고 안해도 되지만 '필요적'은 반드시 해야 합니다.

몰수는 원래 범죄사실과의 관련성을 요구합니다. 추징은 이와 같은 관련성이 없을 때, 즉 몰수가 불가능할 때 수익을 환수하는 것입니다. 형법은 몰수와 추징의 개념에서 범죄사실과의 관련성을 따질 뿐, 특정 범죄에 대해서만 몰수·추징이 가능하다고 규정하고 있지는 않습니다. 따라서 어떤 범죄든지 범죄수익에 대한 추징 판결이 선고된다면, 해당 범죄자가 가진 가상자산에 대해서도 추징할 수 있다고 볼 수 있습니다.

다만 가상자산의 시세 변동 폭이 커서 몰수 및 추징형을 집행한 시기에 따라 환수되는 범죄수익의 규모는 상당히 달라질 수 있습니다. 실제로 2017년 4월 경찰은 불법 성 착취물 사이트 운영자로부터 191비트코인을 몰수했습니다. 이후 대법원 확정판결 등을 이유로 보관하다 2021년 상반기에 매도했습니다. 그에 따라 국가가 환수한 범죄수익의 규모는 압수 당시의 평가가액보다 46배가량 많은 123억원으로 불어났습니다.

가상자산 범죄에 대한 필요적 몰수·추징 규정의 필요성

결론적으로 가상자산에 대한 몰수·추징형의 선고 및 집행에 현행 제도상 아무런 문제가 없습니다. 가상자산 관련 범죄가 아니더라도 범죄자가 가진 가상자산에 대해 몰수·추징 또한 가능합니다. 그렇다면 최근 언론 보도로 나온 "가상자산 관련 범죄에 대해

2416명
국세청이 가상자산을 압류한 고액체납자 수 (2021년 3월 기준)

366억원
국세청이 압류한 고액체납자들의 가상자산 금액 (2021년 3월 기준)

몰수·추징이 가능하게 하겠다"는 말은 특별법을 만들어 가상자산 관련 범죄에 대한 필요적 몰수·추징 규정을 두겠다는 의미로 판단됩니다. 가상자산 관련 범죄에 대해 필요적 몰수·추징 규정을 두게 되면 법원은 반드시 몰수·추징 판결을 해야 합니다.

예를 들어 음주운전을 하지 못하게 하는 최고의 제재는 어떤 것일까요. 음주운전을 했던 자동차를 몰수하거나 그 가액만큼 추징해버리는 것입니다. 원래 자동차는 음주운전에 제공된 물건이므로, 운전자의 소유 자동차라면 몰수·추징할 수 있습니다.

그런데 실무상 음주운전으로 단속돼 형사재판을 받는다고 해도 음주운전을 했던 자동차를 몰수하거나 추징하진 않습니다. 몰수·추징 규정이 임의규정이다 보니 검찰도 이에 대해 구형하지 않습니다. 설령 몰수·추징을 구형하더라도 법원이 받아들이지 않습니다. 음주운전을 했다고 자동차까지 몰수하는 건 가혹한 것 아니냐는 생각이 있기 때문이죠.

하지만 '음주운전 및 무면허 운전을 한 때에는 그 운전에 제공된 자동차를 몰수해야 한다'는 규정을 둔다면, 아마도 음주운전 사례가 확 줄어들 것입니다.

가상자산 관련 범죄에 대해서도 필요적 몰수·추징 규정을 둔다면 어떨까요. 현행법상 뇌물죄는 필요적 몰수·추징뿐 아니라 벌금도 필요적으로 병과하도록 규정하고 있습니다. 징역, 벌금, 몰수, 추징 판결이 모두 선고되는 것입니다. 법원의 재량권을 박탈하고 법률에 필요적 몰수·추징 규정을 둔다면 범죄 예방에 큰 효과를 발휘할 것으로 전망됩니다.

가상자산 거래소 임직원에게 금품을 제공했다면 어떤 범죄가 성립할까요?

국내 형법은 대가성 있는 부정한 이익의 공유 유형을 크게 두 가지로 분류합니다. 공무원에 대한 뇌물죄와 개인에 대한 배임수재죄 규정입니다.

부정한 이익 수수에 관해 더욱 엄중해진 처벌

형법은 제129조에서 공무원 또는 중재인이 그 직무에 관하여 뇌물을 수수, 요구 또는 약속한 때에는 5년 이하의 징역 또는 10년 이하의 자격정지에 처하도록 규정하고 있습니다. 또 제129조 이하에서 다양한 뇌물죄 구성요건에 대해 정하고 있죠. 형법 제357조에선 타인의 사무를 처리하는 자가 그 임무에 관해 부정한 청탁을 받고 재물 또는 재산상의 이익을 취득하거나 제3자로 하여금 이를 취득하게 한 경우 5년 이하의 징역 또는 1000만원 이하의 벌금에 처하도록 규정하고 있습니다. 이는 개인의 부정한 이익 수수에 관한 것이라고 볼 수 있습니다.

그런데 부패범죄에 대한 처벌 필요성이 높아짐에 따라 특별법령에서 부정한 이익의 수수에 대한 처벌의 범위를 넓히고 가중처벌 하는 규정을 두기 시작했습니다. 특별법령을 통해 개인의 경우에도 부정한 이익의 약속만으로 처벌하도록 한다거나, 타인의 사무처리자 지위가 없다고 하더라도 부정한 이익의 수수 행위에 대해 처벌할 수 있도록 하는 등 처벌범위를 넓혀 왔습니다. 대표적으로 '특정범죄 가중처벌 등에 관한 법률'은 뇌물죄를 수뢰액에 따라 최대 무기징역형에 처할 수 있는 규정을 뒀습니다. '특정경제범죄 가중처벌 등에 관한 법률' 또한 금융회사 등의 임직원이 그 직무에 관해 금품이나 그 밖의 이익을 수수, 요구 또는 약속했을 경우 역시 공무원의 범죄와 같이 최대 무기징역에 처할 수 있는 규정(특경법상 '수재죄')을 두고 있습니다. 최근 어떤 분야에 대한 특별법이 만들어지면 부정한 이익의 수수와 관련해서는 대부분 처벌 규정을 신설한다고 봐도 무방합니다.

배임수재죄만 성립

현재 거래소 임직원 등이 상장 등과 관련해 부정한 이익을 수수한 경우 형법상 배임수재죄 외에 달리 처벌할 특별법령이 없습니

뇌물죄
5년 이하의 징역 또는
10년 이하의 자격정지

배임수재죄
5년 이하의 징역 또는
1000만원 이하의 벌금

다. 배임수재죄의 경우 약속만으로는 처벌하기 어렵고, 법정형도 높다고 볼 수 없습니다. 그러나 향후 입법화될 가상자산에 대한 특별법에선 거래소 임직원 등이 상장 등 기타 업무와 관련해 부정한 이익을 수수하거나 약속받았을 때는 금융회사의 임직원 등에 준해 구성요건이 신설되고, 법정형이 정해질 가능성이 매우 큽니다. 사실상 금융회사에 준하는 공공성이 가상자산 거래소에도 요구되기 때문입니다.

한편 뇌물죄, 수재죄, 배임수재죄 등에 관해 법률은 '직무에 관하여' '부정한 청탁' 등 별도의 구성요건을 규정합니다. 비록 거래관계에서 이익을 수수했다고 하더라도 "직무수행은 정당했다" "개인 간의 친분에 의한 것이다"라는 등의 주장을 하는 경우가 많습니다. 하지만 실제 형사재판의 실무에서는 사실상 뇌물죄 등의 성립범위를 제한하는 기능을 하던 위 구성요건들은 사문화됐다고 평가해도 무방합니다.

대법원은 뇌물죄나 수재죄 등에 있어서 '직무집행에 대한 일반의 신뢰' '공무원이 처리하는 직무행위에 대한 불가매수성' '업무담

Point 01
특정범죄 가중처벌 등에 관한 법률은 뇌물죄를 수뢰액에 따라 최대 무기징역형에 처할 수 있다.

Point 02
업무처리가 적정했느냐는 결과와 상관없이 일단 공무원이나 금융회사의 임직원이 이익을 수수하면 뇌물죄나 수재죄가 성립한다.

당자의 청렴성' 등이 있다고 해석합니다. 이에 따르면 업무처리가 적정했느냐는 결과와 상관없이 일단 공무원이나 금융회사의 임직원이 이익을 수수하면 뇌물죄나 수재죄가 성립한다고 볼 수 있습니다. 대법원은 수재죄에 대한 판결에서 '금융기관 임직원이 직무에 관해'라 함은 금융기관의 임직원이 그 지위에 수반해 취급하는 모든 사무를 말하는 것으로 봅니다. 그 권한에 속하는 직무행위뿐만 아니라 그와 밀접한 관계에 있는 사무 및 그와 관련해 사실상 처리하고 있는 사무도 포함되는 것이죠. 배임수재죄에서 부정한 청탁이라는 것은 반드시 업무상 배임의 내용이 되는 정도에 이를 것을 요구하지 않습니다. 사회상규 또는 신의성실의 원칙에 반하는 것을 내용으로 하면 족하다고 해석합니다.

따라서 가상자산거래소 임직원이 상장과 관련해 상장을 원하는 사람들로부터 이익을 수수하면 현행 법령상으로 배임수재죄가 성립합니다. 향후 금융회사 임직원에 준해 특별법이 신설되면 수재죄에 해당할 것입니다.

SECTION 1 Case 06

부실심사로
가상자산을 상장한
거래소 임직원에게
배임죄가 성립할까요?

루나 사태가 발생한 이후 테라와 루나 코인에 대한 3년 전 상장심사가 엉터리였다는 지적이 언론을 통해 보도됐습니다. 심사 과정에서 코인의 강점만 부각했을 뿐, 위험성은 과소평가했다는 것인데요. 이 경우 과연 상장 당시 심사를 부실하게 한 거래소 임직원에겐 어떤 책임이 있을지 알아보겠습니다.

처벌 사각지대에 있는
거래소 임직원

상장 심사 과정에서 거래소 업무담당자가 상장을 원하는 가상자산 발행자로부터 향응 등 금전 기타 재산상 이익을 받았다면 이는 당연히 배임수재죄에 해당합니다. 아직 거래소를 금융회사로 볼 수는 없으므로, 금융회사 임직원에게 적용되는 '특정경제범죄 가중처벌 등에 관한 법률' 위반(수재) 죄는 적용할 수 없습니다. 그런데 관련 규정의 미비, 거래소 자체의 검증 능력의 한계 등으로 인해 가상자산에 대한 심사가 불충분하게 진행돼 해당 가상자산이 상장되면 거래소 임직원에게 형사책임을 물을 수 있을까요?

> 관련 규정의 미비,
> 거래소 자체의 검증
> 능력의 한계 등으로 인해
> 가상자산에 대한 심사가
> 불충분하게 진행돼 해당
> 가상자산이 상장되면?
> →
> 민사상 손해배상 책임을
> 청구할 수는 있지만,
> 형사상 책임은 묻기
> 어려움

결론부터 말하자면 형사상 책임은 묻기 어려울 것으로 보입니다. 거래소의 임직원이 가상자산을 투자하는 일반투자자들에 대해 재산상 보호 의무를 부담한다고 볼 수는 없기 때문입니다.

민사상 손해배상 책임을 청구할 수는 있습니다. 거래소의 임직원이 상장심사와 관련된 자료 등을 명백히 부실하게 검토했다거나 관련 절차 등을 지키지 않았다면, 거래소의 상장심사 능력을 믿고 가상자산에 투자한 이들이 거래소의 과실을 주장할 수 있기 때문이죠.

향후 불충분한 심사 및 내부통제 기준 미비 등에 따른 별도의 벌칙 규정이 마련된다면 거래소 임직원에 대한 형사처벌도 가능할 것입니다. 하지만 현행

> 상장 심사 과정에서 거래소 업무담당자가 상장을 원하는 가상자산
> 발행자로부터 향응 등 금전 기타 재산상 이익을 받았다면?
> → 당연히 배임수재죄에 해당

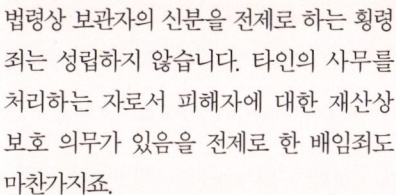

법령상 보관자의 신분을 전제로 하는 횡령죄는 성립하지 않습니다. 타인의 사무를 처리하는 자로서 피해자에 대한 재산상 보호 의무가 있음을 전제로 한 배임죄도 마찬가지죠.

부실한 상장심사에 따른 벌칙 규정 등을 마련하는 것이 쉽지 않을 수도 있습니다. 형벌은 명확성의 원칙에 따라 그 구성요건을 제3자 누구라도 쉽게 이해할 수 있어야 합니다. 불충분한 심사를 했다는 점을 구체적으로 어떻게 명확하게 규정할 것인지는 매우 어려운 문제이기 때문입니다.

엄격한 상장심사 기준의 필요성

거래소는 가상자산 상장심사에 대해 좀 더 엄격한 기준을 마련해야 합니다. 규제당국은 이에 대한 구체적인 가이드라인을 제공할 필요가 있습니다. 최소한 지켜야 할 것들에 대한 충분한 기준을 마련한 다음, 거래소 임직원이 그 기준을 지키지 않았을 때 그에 대한 형사책임의 근거를 생각해 볼 수 있을 것입니다.

이러한 상장기준은 거래소마다 개별적으로

정하는 것보다 금융당국 중심으로 마련하는 게 바람직합니다. 가상자산 상장의 심사기준을 엄격하게 정한다면, 가상자산 상장을 통한 투기적 이익을 획득하려는 시도를 규제할 수 있을 것입니다. 꼼꼼한 심사 과정을 거쳐 가상자산이 상장된다면 가상자산 시장에 대한 사회적 신뢰도 높아질 것입니다.

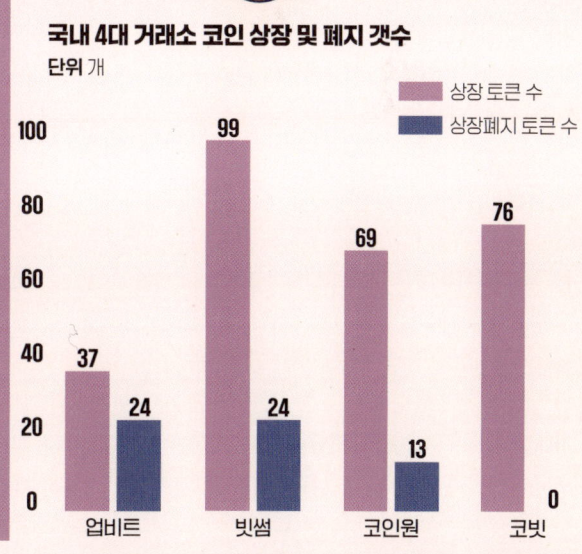

※ 2021년 1월~2022년 5월 **자료** 쟁글

국내 4대 거래소 코인 상장 및 폐지 갯수
단위 개

- 상장 토큰 수
- 상장폐지 토큰 수

거래소	상장 토큰 수	상장폐지 토큰 수
업비트	37	24
빗썸	99	24
코인원	69	13
코빗	76	0

SECTION 1 Case 07

가상자산 투자 모집 사기 범죄에서 거래소 임직원도 처벌받나요?

가상자산이 실제 가치를 가졌는지를 불문하고, 어떤 가상자산이든 거래소에 상장되지 않으면 교환성과 유동성을 가질 수 없으므로 가상자산을 발행하려는 사람들은 가상자산을 주요 거래소에 상장하려 합니다. 그런데 그 과정에서 가상자산의 발행자가 '가상자산이 곧 상장될 것이다'라는 점을 핵심적 마케팅 요소로 삼아 일반투자자들에게 상장 전 가상자산을 매도하는 경우가 있습니다.

상장 전 매도행위가 발행사 측의 운영자금 마련 등 실제 상장에 필요한 준비작업을 위해서라면 이는 기업의 주식시장 상장 전 투자자금 유치와 유사하다고 볼 수 있을 것입니다. 그러나 상당수의 가상자산 상장 전 매도행위는 실제 상장 여부와는 전혀 상관없이, 오로지 사기 범행의 목적으로 행해지는 경우가 적지 않은 것이 현실입니다.

그런데 해당 가상자산에 대해 거래소가 상장심사를 하고, 상장 예정 공지까지 하는 등 상당히 구체적인 내용이 진행됐다가 상장이 이뤄지지 않은 때도 있습니다. 이 경우 해당 거래소의 상장 담당 임직원들까지도 사기의 공범 책임을 물을 수 있을까요?

공범 인정에 관한 대법원의 기준

대법원은 '거래상대방의 대향적 행위의 존재를 필요로 하는 유형의 배임죄에서 거래상대방은 기본적으로 배임행위의 실행행위자와 별개의 이해관계를 가지고 반대편에서 독자적으로 거래에 임한다는 점을 고려하면 업무상 배임죄의 실행으로 이익을 얻게 되는 수익자는 배임죄의 공범이라고 볼 수 없는 것이 원칙이고, 실행행위자의 행위가 피해자 본인에 대한 배임행위에 해당한다는 점을 인식한 상태에서 배임의 의도가 전혀 없었던 실행행위자에게 배임행위를 교사하거나 또는 배임행위의 전 과정에 관여하는 등으로 배임행위에 적극 가담한 경우에만 배임의 실행행위자에 대한 공동정범으로 인정할 수 있다'(대법원 2016.10.13. 선고 2014도17211 판결)고 판시했습니다. 이러한 대향

> 상당수의 가상자산 상장 전 매도행위는 실제 상장 여부와는 전혀 상관없이, 오로지 사기 범행의 목적으로 행해지는 경우가 적지 않은 것이 현실이다.

범(상대편이 있어야 이뤄지는 범죄) 관계에서의 공범 인정에 관한 대법원의 기준은 각종 재산범죄에서도 일관됩니다.

이 판례는 쉽게 해석하면, 이해관계를 같이 하지 않는 사람들끼리의 공범 관계 인정은 어렵다는 것입니다.

쉽사리 인정되지 않는 공범 관계

또 다른 사례로 은행 직원이 부실 대출을 해줬습니다. 대출받은 사람은 그때까지의 경험에 비춰 자신이 신청한 서류 가지고는 대출이 안 될 줄 알았는데, 대출받고 보니 신청한 대로 모두 대출이 됐습니다. 대출받은 사람은 은행직원이 서류를 제대로 검토하지 않았다고 생각했으나, 이를 은행 측에 알리지 않고, 대출금을 모두 사용했습니다. 그리고 갚지 못했습니다. 추후 미상환 대출에 대한 감사 과정에서 대출 당시 은행 직원이 당연히 지켜야 할 규정을 제대로 지키지 않았다는 것이 확인됐습니다. 그리고 은행 직원은 은행의 고소로 배임죄로 처벌받게 됩니다. 그런데 정작 은행직원의 배임죄로 이익을 본 자는 대출받은 사람입니다. 이에 검사는 대출받은 사람을 은행원의 배임행위의 공범으로 기소했습니다. 하지만 법원은 대출받은 채무자가 이익을 얻은 것은 사실이나, 대출자에게 은행에 대해 신뢰를 지켜야 할 의무가 있는 것은 아니므로 은행원에게 뒷돈 주고 대출받는 등의 적극적인 행위를 한 사정이 없는 한 단순히 이익을 봤다는 사정만으로 공범을 인정할 수는 없다고 판결했습니다.

위 판결은 재산범죄에서 공범의 성립기준을 제시한 판결로 같은 경제적 이해관계를 가지고 있지 않은 한, 쉽사리 공범을 인정해서는 안 된다는 것입니다. 원칙적으로 거래소 임직원은 가상자산의 발행자와 이해관계를 같이 한다고 보기는 어렵습니다. 거래소 임직원이 가상자산의 상장 과정에서 업무처리를 미숙하게 처리해 가상자산 발행자의 사기행각을 도와주는 결과를 가져왔다고 하더라도 공범 성립은 어려울 것으로 보입니다.

이해관계를 같이 하지 않는 사람들끼리의 공범 관계 인정은 어렵다.

SECTION 1 Case 08

거래소가 가상자산을 상장폐지할 경우 배임죄가 성립하나요?

가상자산 상장폐지는 가상자산이 사실상 휴지 조각이 된다는 것입니다. 이 때문에 투자자들에게는 매우 민감한 문제일 수밖에 없습니다. 투자자들은 거래소가 스스로 문제없는 가상자산이라 판단해 상장한 가상자산에 대해 거래지원종료(이하 상장폐지)를 하는 것은 거래소의 투자자들에 대한 보호 의무를 위반한 것이라고 주장할 수 있습니다.

실제 이러한 분쟁은 통상 가상자산 발행자가 거래소를 상대로 상장폐지 절차 진행을 중단해달라는 취지의 가처분 사건의 형태로 드러나곤 합니다. 가상자산 발행자는 상장폐지를 막지 못한다면 발행자의 재산도 많이 감소할뿐더러 해당 가상자산에 투자한 투자자들의 항의에 시달릴 수밖에 없으니 어떤 수단을 동원해서라도 상장폐지를 막으려고 할 것입니다.

그런데 투자자들이 거래소의 상장폐지 임직원들에 대해 배임죄 등 형사책임을 물을 수 있을까요? 결론부터 얘기하면 묻기 어렵습니다.

대법원은 '배임죄는 타인의 사무를 처리하는 자가 범죄의 주체인데, 이때 타인의 사무를 처리하는 자에 해당하려면 통상의 계약 관계에서 단지 급부의 이행에 따라 상대방이 계약상 권리의 만족이나 채권의 실현이라는 이익을 얻는 관계에 있다거나 계약에 따라 상대방을 보호하고 배려할 부수적 의무가 있다는 점만으로는 부족하고, 계약의 전형적, 본질적인 급부의 내용이 위임 등과 같이 일정한 권한을 가지고 상대방의 재산상 사무를 맡아 처리하는 상황에 해당해야 한다고 판시하고 있습니다(대법원 2020. 2. 20. 선고 2019도9756 전원합의체 판결).

투자자들의 재산을 보호할 의무가 없는 거래소

거래소를 통해 가상자산에 투자한 투자자들 처지에서는 거래소를 믿고 투자한 것인데 왜 함부로 상장폐지를 하느냐고 화를 낼 수는 있습니다. 하지만 배임죄가 성립하려면 거래소에 투자자들의 재산을 보호해야 할 의무가 있어야 하는데 거래소가 그러한 의무까지 부담한다고 볼 수는 없다는 것입니다.

배임죄
타인의 사무를 처리하는 자가 그 임무에 위배하는 행위로써 재산상의 이익을 취득하거나 제3자로 하여금 이를 취득하게 해 본인에게 손해를 가하는 죄 (형법 제355조제2항).

윤리적 비난과 형사책임은 다르다는 것이 대법원의 판단이다.

대법원은 동산의 소유자가 목적물을 이중양도한 사안(대법원 2011.1.20. 선고 2008도10479 판결)을 필두로 대물변제 예약에서의 부동산 이중매매(대법원 2014.8.21. 선고 2014도3363 판결), 동산의 이중양도담보, 부동산 이중저당권, 시행사와 시공사 사이의 분양수입금을 공사대금 등으로 지급하기로 한 특약을 시행사가 위반한 사안, 임차인에게 전세자금으로 소유권 취득 사실을 알리지 않아 임차인이 전입신고를 뒤늦게 함으로써 손해를 입힌 사안 등 다수의 사안에서 비록 계약 위반이 있고 그에 따라 계약 상대방에게 손해가 발생했어도 그것만으로는 타인의 사무 처리자의 지위를 인정할 수 없으므로 배임죄가 성립할 수 없다고 판시하고 있습니다.

A에게 팔겠다고 해놓고는 B에게 팔아버리고, 전세금 주면 집에 있는 근저당권을 말소시켜 준다고 약속해 전세금을 주었는데, 전세금을 받자마자 다른 용도로 사용해버려 경매에 들어가게 하는 등 약속을 지키지 않았다는 점에서 비난받아 마땅합니다. 그러나 윤리적 비난과 형사책임은 다르다는 것이 대법원의 판단입니다.

배임죄 성립 범위를 축소하는 추세

대법원은 수년 전부터 '형벌의 보충적 기능의 수행' '배임죄의 지나친 확대 적용에 대한 우려' 등을 반영해 배임죄 성립 범위를 축소하고 있습니다. 특히 '타인의 사무 처리자 인정 범위를 좁히고 있습니다. 이러한 대법원의 입장은 민사계약상의 문제를 형사법으로 처벌하고 타인의 사무의 범위를 부당하게 넓게 해석하는 것은 죄형법정주의

이중매매
매도인이 동일한 목적물을 2인 이상의 매수인에게 이중으로 매매하는 것을 말한다.

에 반한다는 것을 주요 논거로 하고 있습니다. 거래소는 당연히 투자자들의 자산을 보호하고 증식시키기 위한 노력을 하며 그에 대한 대가로 가상자산에 대한 거래 수수료를 받고 있습니다. 그렇다고 거래소가 투자자들의 재산과 관련된 사무를 위임받아 처리하는 자의 지위에 있다고 볼 수는 없습니다. 그러므로 상장폐지와 관련해 거래소 임직원들에 대한 형사적 책임의 추궁은 사실상 어렵습니다. 또한 거래소들은 상장폐지에 대한 절차 및 내용을 규정으로 가지고 있고, 그 규정에 따라 업무를 진행하므로 상장폐지에 이르게 되는 절차 미준수 문제도 사실상 발생하지 않습니다.

상장폐지는 문제가 있는 가상자산을 시장에서 퇴출함으로써 가상자산 시장을 건전하게 하는 측면도 있으므로 투자자들의 신뢰를 저버린 행위라고 쉽게 비난할 수 없습니다. 투자자들도 더욱더 검증된 가상자산 투자를 할 수 있도록 해야 합니다. 투자의 결과는 본인의 책임이기 때문입니다.

서울 서초구 빗썸 고객센터에 상장 폐지되는 코인의 거래지원 종료 안내문이 표시돼 있다.

SECTION 1 Case 09

거래소 자체가 폐업하는 경우를 대비해 정부가 마련한 대책은 무엇인가요?

2022년 5월 국내 암호화폐인 루나와 테라의 가격이 폭락하는 사태가 발생했습니다. 유튜브나 SNS를 통해서 수억원을 손해 봤다는 투자자들의 이야기가 심심치 않게 올라오고, 권도형 테라폼랩스 대표를 검찰에 고발하는 일까지 일어났습니다.

그동안 정부는 해킹이나 마약 범죄 등을 통해 불법적으로 얻은 가상자산이 정상적인 수익인 것처럼 탈바꿈하는 자금세탁을 막는 것에 관심을 뒀습니다. 그 일환으로 정부는 '특정 금융거래정보의 보고 및 이용 등에 관한 법률'을 개정했습니다. 2017년 투기 열풍으로 우후죽순으로 생기는 수많은 거래소를 정비하기 위해서죠.

실명계좌만 가능하도록 법 개정

해당 법 개정에 따른 가장 큰 변화는 실명 거래만 가능하도록 한 것입니다. 기존에 거래소를 이용하던 투자자들은 전기요금 등 공과금을 낼 때처럼 본인 명의로 된 가상계좌를 이용했습니다. 그러나 은행이 거래소와 계약해 실명 확인이 된 계좌만 사용할 수 있게 되면서 은행에서는 거래소를 이용

> 정부는 그동안 해킹이나 마약 범죄 등을 통해 불법적으로 얻은 가상자산이 정상적인 수익인 것처럼 탈바꿈하는 자금세탁 방지에 집중했다.

하는 사람이 누구이고 그 금액이 얼마인지를 알 수 있게 됐습니다.

실제로 법 개정 후 은행의 실명 계좌를 확보해 신고를 마친 거래소는 업비트, 빗썸, 코인원, 코빗 4개 밖에 없었고, 다른 거래소의 이용자들은 한 달 내에 돈을 출금해야 하는 사태가 발생했습니다. 거래를 할 수 없게 된 중견 거래소들이 문을 닫으면서 해당 거래소에서만 거래되던 코인도 덩달아 없어졌습니다. 거래소 신고를 하지 못한 중견 거래소들은 정부가 법에서 정한 심사 기준을 공개하지 않았고, 실명계좌 심사를 지나치게 엄격하게 했다는 불만을 제기하기도 했습니다

디지털자산 기본법의 필요성 대두

한편 이번 루나와 테라 폭락 사태에 직면해 정부는 거래소 관리뿐 아니라 가상자산에 투자한 투자자들을 보호하기 위한 대책

역시 시급하다는 점을 인식한 것으로 보입니다. 가상자산을 다루는 부처인 금융위원회와 금융감독원은 투자자를 보호하기 위한 법률인 디지털자산 기본법의 입법과 시행이 필요하다는 입장을 발표했고, 입법 기관인 국회와 함께 머리를 맞대고 있습니다. 디지털자산 기본법에는 가상자산 거래소의 심사 기준 등을 규제한 내용이 포함될 것이라고 합니다. 해당 법률이 시행되면 가상자산 거래소가 투자자들에게 투명한 기준도 알리지 않고 상장을 결정하는 '깜깜이 심사'를 하거나 상폐를 결정하는 것이 가능하지 않을 것입니다.

가상자산 업계 자율규제 합의안

거래소에서 투자자에게 알리는 정보 제도 강화
가상자산 사업자와 투자자간 '정보 비대칭'의 구조적 요인을 개선하기 위해 발행사업자에게 주요 투자정보를 명시한 백서나 평가보고서를 공개하도록 의무화

거래소가 취해야 할 기준 통일화
루나 사태 시 거래소가 각기 다르게 행동해 오히려 시장에 혼선 야기, 앞으로는 상장 심사 등 기준을 공통으로 적용하도록 함

국제 공조
가상자산의 하락은 국경을 초월해 피해를 야기하므로 국가간 공조 시스템 마련하도록 함

루나와 테라 폭락 사태에 직면해 정부는 거래소 관리뿐 아니라 가상자산에 투자한 투자자들을 보호하기 위한 대책 역시 시급하다는 점을 인식했다.

자료 국민의힘 당정간담회

SECTION 1 Case 10

NFT 관련 법적 분쟁 사례로는 어떤 것이 있을까요?

NFT를 이용해 만든 가상의 버킨백 '메타 버킨스'

정용진 신세계그룹 부회장과 캐릭터 '제이릴라'

오픈씨마켓에 올라온 제이릴라 NFT캐릭터

나이키가 소송을 제기한 운동화 NFT

대체불가능토큰(NFT)과 관련된 법적 분쟁을 구체적인 사례를 통해 살펴보겠습니다. 크게 저작권 분쟁, 상표권 분쟁, 게임 NFT 사행성 논란, NFT 증권성과 관련한 분쟁 등으로 나눠 볼 수 있습니다.

NFT 저작권 분쟁

NFT 거래소 오픈씨에서 신세계푸드 캐릭터인 제이릴라(정용진 신세계 부회장을 닮은 캐릭터)의 디지털 작품을 민팅한 NFT를 판매했는데요. 이때 제이릴라의 저작권자에게 허락받지 않은 것을 두고 신세계푸드 측이 저작권 침해를 주장했습니다. 당시 한국 근현대 미술 거장 이중섭·박수근·김환기의 그림 역시 NFT로 제작돼 경매에 나올 예정이었습니다. 하지만 저작권을 확보하지 않은 상태에서 이 같은 기획이 진행돼 결국 저작권 문제로 NFT화가 중단됐습니다.

NFT 상표권 분쟁

2022년 1월 프랑스 명품브랜드 에르메스가 NFT 크리에이터인 메이슨 로스차일드(Mason Rothschild)를 상대로 뉴욕 연방

에르메스
버킨백을 NFT를 이용해 '메타 버킨스'라는 이름으로 판매한 업체에 소송제기

신세계푸드
제이릴라의 디지털 작품을 민팅한 NFT 판매에 저작권 침해 주장

신한은행
고가의 그림, 신발 등을 공동구매한 뒤 옥션 통해 재판매하는 서비스 중단

법원에 제기한 소송이 있습니다. 로스차일드는 에르메스를 대표하는 제품인 버킨백을 NFT를 이용해 가상의 가방으로 만들어 '메타 버킨스(Meta birkins)'라는 이름을 붙여 NFT 거래소 오픈씨에서 판매했습니다. 메타 버킨스는 실물 버킨백보다 4배 높은 가격에 판매되는 인기를 누렸습니다. 이후 에르메스 측의 항의를 받은 오픈씨는 메타 버킨스 거래를 중단했지만, 로스차일드는 자신의 웹사이트를 통해 마케팅을 계속 진행했습니다. 에르메스는 특히 자신의 상표에 '메타'를 추가해서 NFT 제품을 제작한 것에 대해 문제를 제기했습니다. 이러한 사건의 경우 상표법, 부정경쟁방지법에 저촉될 우려가 상당히 있습니다.

이와 유사한 사건으로 전 세계 650만명의 구매자와 100만명의 판매자가 사용하는 거대 재판매 플랫폼 회사인 스톡엑스 사례가 있습니다. 이 회사는 '볼트(Vault) NFT'라는 이름의 디지털 토큰을 소개하면서 해당 NFT의 이미지에 나이키 운동화 이미지를 넣었고, 나이키가 소송을 제기했습니다. 나이키는 스톡엑스가 8종의 나이키 관련 NFT

를 발행하면서 신뢰도를 높이기 위해 나이키의 상표 및 운동화 이미지를 사용했는데, 이것이 브랜드 평판에 부정적인 영향을 주고 있다고 주장했습니다. 이에 대해 스톡엑스는 고객이 구매한 '볼트 NFT'는 플랫폼에서 거래되는 실물과 연계돼 있고 구매자는 해당 실물 제품의 소유권을 갖게 된다고 설명했습니다. 물리적 실물 제품의 소유권을 디지털로 추적하기 위해 NFT를 사용한 것이라고 반박한 것이죠. 스톡엑스의 설명대로라면 이는 NFT 본연의 기능인 원본 인증의 기능으로서 저작권이나 상표권 침해가 문제 되는 다른 사건의 경우와 조금 다르게 평가될 가능성이 있습니다.

게임 NFT 사행성 논란

구글 플레이스토어를 통해 출시된 국산 블록체인 게임 '파이브스타즈 포 클레이튼'은 2021년 서비스를 시작한 지 두 달 만에 게임물관리위원회가 블록체인 기반 NFT의 사행성 우려를 이유로 등급 분류를 거부해 서비스가 종료됐습니다. '무한돌파 삼국지 리버스(이하 무돌)' 사례도 있습니다. 이 게임에서 매일 주어지는 임무를 수행하면 '무돌코인'을 주는데 이를 암호화폐 클레이(KLAY)로 교환할 수 있도록 했습니다. 게임물관리위원회는 이런 점을 감안해 2021년 12월 기존에 부여한 게임 등급을 취소했습니다. 두 사건 모두 일단 행정법원에서 임시로 집행정지가 결정된 상태에서 게임물관리위원회의 처분에 대한 취소 소송이 진행 중입니다. 이들 사건은 게임 NFT의 사행성 판단에 중요한 기준을 제시할 것으로 예상됩니다.

1. '가상 버킨백' 만든 미국 예술가…에르메스, 소송 제기 (한국경제, 2022.01.22)

2. 나이키가 신발 리셀 업체 '스톡엑스'를 고소한 까닭 (한국경제, 2022.04.15)

NFT 증권성과 관련한 분쟁

신한은행이 자사 애플리케이션 '신한 쏠(SOL)'에서 서울옥션블루와 함께 운영하던 '소투(SOTWO)' 공동구매 서비스를 종료한 것을 들 수 있습니다. 소투 서비스는 고가의 그림이나 신발 등을 투자자들이 공동구매해 일종의 디지털 소유권을 받고, 이후 옥션을 통해 이를 재판매할 때 더 높은 가격에 팔리면 수익을 배분하는 서비스입니다. 문제는 소투 서비스가 제공하는 토큰이 자본시장법상 투자계약증권에 해당할 여지가 있다는 겁니다. 따라서 금융위원회의 승인 등 절차가 필요하지만 이를 준수하지 않아 문제가 됐고, 결국 해당 서비스를 종료했습니다. 다른 사례로는 음악 저작권료 분배 청구권을 일반인에게 판매하고 일반인이 경매할 수 있는 서비스인 뮤직카우 상품이 투자계약증권에 해당할 수 있음에도 금융위원회 절차를 준수하지 않았다고 판단된 사건을 들 수 있습니다.

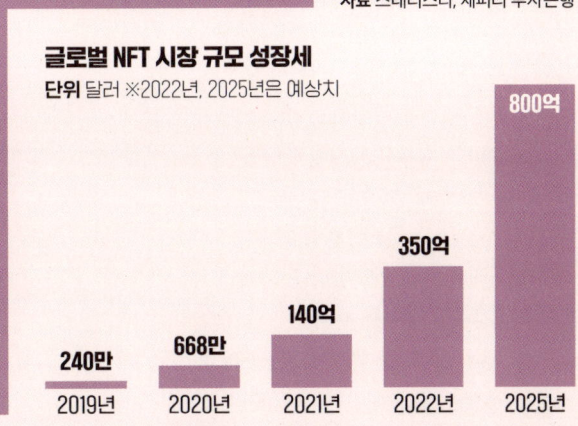

자료 스태티스타, 제퍼리 투자은행

글로벌 NFT 시장 규모 성장세
단위 달러 ※2022년, 2025년은 예상치

- 2019년: 240만
- 2020년: 668만
- 2021년: 140억
- 2022년: 350억
- 2025년: 800억

SECTION 1   Case 11

조각투자 사업은 누구나 자유롭게 할 수 있나요?

최근 2030 젊은 세대를 중심으로 주식 이외에 다양하고 새로운 방식의 투자 형태가 나타나고 있습니다. 이 중 주목받는 투자 형태가 바로 '조각투자' 입니다. 조각투자 사업을 자유로이 할 수 있는지 여부는 조각투자 상품이 '자본시장과 금융투자업에 관한 법률(이하 자본시장법)'상 '증권'에 해당하는지 여부에 따라 결정됩니다.

신종 재테크로 인기를 얻은 조각투자

조각투자는 주로 혼자 구매하기 어려운 고가의 미술품, 부동산, 명품 등에 투자할 때 활용합니다. 소액으로 큰 규모의 자산에 투자할 기회를 얻을 수 있는 특징이 있습니다. 기존에는 부자들만 독점하던 재테크의 문턱을 낮춘다는 점에서 디지털 환경·공유경제·공동구매 등에 익숙한 MZ세대에게 '신종 재테크'로 큰 인기를 얻고 있습니다.

대표적인 예가 뮤직카우 입니다. 특정 음원에 대한 저작권 수익을 분배받을 수 있는 권리를 여러 조각으로 분할한 청구권에 투자하는 플랫폼이죠. 회원 수가 2019년 4만

4만명 2019년
91만명 2021년
뮤직카우 회원 수

musicow

17만명
뮤직카우 조각투자에 참여한 회원 수

명에서 2021년 91만명으로 급증했고, 실제 투자에 참여한 회원 수는 17만명에 달합니다. 뮤직카우 외에도 부동산, 미술품, 한우, 명품(시계·와인) 등에 투자하는 다양한 형태의 조각투자 사업이 운영 중입니다.

최근까지 조각투자 사업에 대한 정부의 명확한 규제나 가이드라인이 없었습니다. 이 때문에 여러 사업자가 자유롭게 조각투자 사업을 영위해 왔습니다. 하지만 금융위원회는 뮤직카우의 저작권료 참여 청구권이 자본시장법상 '투자계약증권'에 해당한다고 판단했습니다. 조각투자와 관련한 자본시장법 적용 가능성과 사업화에 필요한 고려사항을 안내하기 위한 '조각투자 등 신종증권 사업 관련 가이드라인'도 내놨죠. 이에 따라 이제는 조각투자 사업을 적법하게 영위하기 위해선 가이드라인을 준수해야 합니다.

금융규제 대상이 될 수 있는 조각투자

조각투자는 일반적으로 실물 자산 등의 소유권을 분할한 지분에 투자하는 것이라

고 알려져 있습니다. 대부분 투자자도 자신들이 투자를 통해 실제 소유권의 일부(조각)를 보유하고 있다고 인식하고 있습니다. 가이드라인에 따르면 이처럼 투자자가 소유권을 직접 보유하고 조각투자 사업자의 사업 성패와 무관하게 재산권 등 권리를 행사할 수 있는 경우 실물 거래에 해당합니다. 이 때문에 원칙적으로 금융규제 대상이 아닙니다.

하지만 자산에 대한 소유권이 아니라 자산에서 발생하는 수익에 대한 청구권 등의 형태로 조각투자 사업자가 조각투자 상품을 발행하거나 이를 유통할 때는 얘기가 달라집니다. 해당 권리의 구조, 세부 계약 내용 등 개별 상품의 실질에 따라 증권에 해당할 가능성이 있습니다. 가이드라인에 따르면 구체적인 요건은 다음과 같습니다. 일정 기간 경과 후 투자금을 상환받을 수 있는 경우, 사업 운영에 따른 손익을 배분받을 수 있는 경우, 실물자산·금융상품 등에 투자를 통해 조각투자 대상의 가치 상승에 따른 투자수익을 분배받을 수 있

만약 조각투자 상품이 자본시장법상 증권에 해당하는 경우 현행 자본시장법의 규제를 모두 준수하면서 조각투자 사업을 해야 한다.

는 경우, 기초자산의 가격변동에 따라 달라지는 회수금액을 지급받는 경우, 새로 발행될 증권을 청약·취득할 수 있는 경우, 다른 증권에 대한 계약상 권리나 지분 관계를 가지는 경우, 투자자의 수익에 사업자의 전문성이나 사업 활동이 큰 영향을 미칠 때는 조각투자 상품의 증권성이 인정될 가능성이 큽니다. 반면 증권성이 인정될 가능성이 큰 경우에 해당하지 않으면서 소유권 등을 직접 분할하거나 개별적으로 사용·수익·처분이 가능한 경우에는 증권에 해당할 가능성이 상대적으로 낮은 것으로 안내하고 있습니다.

만약 조각투자 상품이 자본시장법상 증권에 해당하는 경우 조각투자 상품을 발행·유통하려는 사업자는 자본시장법의 규제를 모두 준수하면서 조각투자 사업을 해야 합니다.

SECTION 1 Case 12

가상 부동산 플랫폼에서 거래는 어떻게 이뤄지나요?

'부루마블'은 대중적으로 잘 알려진 보드게임입니다. 말판 주위에 4명이 둘러앉아 주사위를 굴려서 전·후반으로 나눠 게임을 진행합니다. 전반전에는 토지만 살 수 있고 후반전에는 매입한 토지에 별장, 빌딩, 호텔 등 건물을 짓고 통행료를 받습니다. 1982년에 출시된 가상 부동산 게임 부루마블이 40년이 지난 오늘날 '가상공간 부동산 플랫폼'으로 부활했습니다.

가상 부동산 플랫폼의 출현

가상 부동산 플랫폼은 크게 '디센트럴랜드(Decentralland)' 모델과 '어스2(Earth2)' 모델로 구분할 수 있습니다.

디센트럴랜드는 이더리움 기반에서 구동하는 증강현실 플랫폼으로 이용자는 여기서 서비스와 콘텐츠를 생성해 이익을 얻을 수 있습니다. 블록체인과 메타버스가 접목된 서비스로 볼 수 있는데 이용자가 서비스와 콘텐츠를 생성하기 위해 랜드(디센트럴랜드 내 구획된 토지)나 에스테이트(파셀들로 형성된 구역)가 필요합니다. 이들은 가상자산으로 구매할 수 있고 그 자격 증명은 NFT

> **Decentralland (디센트럴랜드) 모델**
> 세상에 존재하지 않는 가상의 토지·건물을 가상공간에 만들어 거래하는 방식이다.

> **Earth2 (어스2) 모델**
> 실제 부동산을 가상 세계에 구현하고 그 소유권을 분배해 실물 부동산을 디지털로 보유할 수 있는 방식이다.

로 합니다. 디센트럴랜드 내 1파셀(Parcel, 디센트럴랜드 내 땅 한 칸의 단위, 16×16m)은 2021년 11월 기준 30억원에 팔린 바 있습니다.

가상공간에 지구를 그대로 옮겨놓은 가상 부동산 플랫폼 어스2는 가상의 지구를 10×10m 크기의 타일로 쪼갠 뒤, 땅을 사고파는 메타버스 플랫폼입니다. 구글의 지도 프로그램인 어스를 기반으로 출시해 어스2로 명명된 것으로 보입니다. 어스2 내 결제는 계좌이체, 신용카드, 페이팔 등으로 할 수 있고 사용하는 단위 'E$'도 달러와 같습니다. 보유하고 있는 부동산을 매도할 때 시세차익의 5%를 개선부담금(Improvement Fee)으로 지출해야 합니다.

가상 부동산 플랫폼에서도 실물 부동산과 마찬가지로 시세차익이 가장 큰 관심사입니다. 가능하면 시장 형성 초기에 상승 가능성이 큰 지역을 매수해서 높은 가격에 되파는 전략을 구상합니다. 실존하지 않는 가상의 땅에 막대한 투자금이 모이는 이유도 시세차익을 노리는 이용자가 급속도로 늘었기 때문입니다. 최근에는 개인 투자자뿐만

아니라 기업들도 가상 부동산 매입에 나서고 있습니다. 물론 시세차익도 기대하겠지만, MZ세대 등 가상세계와 디지털자산에 대한 이해도가 높은 고객에 대한 실효성 있는 광고 마케팅 효과를 노리는 성격이 더 큽니다.

법적 보호를 받지 못하는 가상 부동산 거래

그런데 가상 부동산 거래는 법적 보호를 받지 못한다는 문제가 있습니다. 실물 부동산 거래 시 강한 규제가 있는 것과 대비되는 부분입니다. 가상 부동산에 관한 법률도 없거니와 가상 부동산 플랫폼에서 권리 증명으로 활용되는 NFT도 '특정 금융거래정보의 보고 및 이용 등에 관한 법률'상 '가상자산'에 해당하는지, 지급 수단으로 사용하는 것이 법상 문제가 없는지도 명확하지 않습니다. 무엇보다 가상자산을 산 사람이 갖게 되는 권리가 어떤 것인지 개념이 확립돼 있지 않았습니다. NFT로 권리 증명이 된다고 해도 그 권리 기반이 다른 재산권에 비해 취약할 수밖에 없습니다.

30억원
디센트럴랜드 내 1파셀 가격
(2021년 11월 기준)

게다가 가상 부동산 플랫폼이 갑자기 서비스를 종료한 경우, 거래한 가상 부동산이 외부 세력에 의해 해킹당한 경우, 플랫폼상에서 소수의 인원이 자전거래를 통해 특정 지역의 시세를 인위적으로 조종한 경우 이를 사전에 막거나 사후에 실효적으로 구제할 법적 수단도 없습니다. 실제로 서울 지역을 가상 부동산으로 판매하는 비즈니스 모델을 갖춘 서비스 플랫폼에서 내부자들끼리 사전에 부동산을 분배해 나눠 가지려 한다는 의혹이 일어 논란이 됐습니다.

따라서 가상 부동산 플랫폼의 이용자나 투자자는 구체적인 입법이 있기 전까지는 규모가 있고 공신력 있는 플랫폼에 한정해 참여하는 것이 바람직합니다. 관련 입법이나 제도가 정비될 때까지 기다리는 것도 위험을 줄이는 방법입니다.

SECTION 1 Case 13

DAO는 디지털자산 시장에서 어떤 역할을 할 수 있나요?

DAO는 탈중앙화된 자율조직(Decentralized Autonomous Organization)의 약자입니다. 통상적인 의미는 코드에 계약의 내용(스마트 콘트랙트)을 담고, 이를 블록체인 네트워크를 통해 참여하는 다수의 당사자가 승인하는 체계를 말합니다. 의사결정을 위한 중앙 조직 없이 공동의 목표를 향해 집단적인 의사결정이 가능한 구조입니다.

국내 첫 DAO 프로젝트 '국보 DAO'

국내에서도 블록체인 전문가들이 간송미술관 국보 두 점을 낙찰받기 위해 '국보 DAO'를 기획한 바 있습니다. 비록 국보 한 점을 낙찰받는데 필요한 비용인 40억원을 모금하지 못해 경매 참여를 포기했으나 국내에서 처음 시도한 DAO 프로젝트로 소개돼 관심을 모았습니다. 국보 DAO는 조합의 형태로 진행됐으며, 조합원은 국보 낙찰에 성공할 경우 공동으로 소유할 권리와 함께 국보와 관련해 발행되는 NFT를 보유할 권리도 갖게 됩니다. 국보 DAO는 모금한 가상자산을 원화로 환전해 국보 경매에 참여할 계획이었습니다. 조합 형태인 점을 고려해 임시 업무집행조합원을 선임하기도 했죠. 국보 DAO는 가상자산으로 모금하는 것을 제외하면 조합 형태의 집합투자 기구와 유사한 형태이고, 최근 주목받고 있는 조각 투자와 유사한 형태로도 볼 수 있습니다.

증권법규를 준수해야 하는 DAO

DAO의 특성상 현행 법규가 적용되지 않는 대상인 것으로 보일 수 있습니다. 하지만 근본적으로 다수로부터 자금을 모아 하나의 목적을 위한 의사결정을 한다는 점에서 그 구조에 따라 '자본시장과 금융투자업에 관한 법률'(이하 자본시장법)의 투자계약증권 또는 집합투자증권처럼 평가될 수 있습니다. 미국의 증권거래위원회(SEC)도 DAO 사건 조사 보고서를 통해, DAO의 경제적 실질이 투자계약(증권)에 해당한다면 증권법규가 적용돼야 한다는 의견을 밝힌 바 있습니다. [vi]

SEC는 조사 보고서상 DAO의 증권성을 판단할 수 있는 중요 지표로서 ① 투자자들이 투자 결과에 따라 손익을 귀속 받는 것에

투자자 보호 제도
금융투자회사는 투자상품의 내용과 이에 따른 손실위험 등 투자에 필요한 정보를 투자자가 이해할 수 있도록 설명해야 하는 의무가 있다.

간송미술관이 경매에 내놓은 국보 73호 '금동삼존불감'

대한 기대가 있었다는 점 ② 투자수익은 타인(큐레이터 등)의 수행 결과로 인한 것이었다는 점 ③ DAO가 수행하는 투자에 관해 투자자들이 행사할 수 있는 의결권은 실제로 매우 제한적이었다는 점 ④ 오히려 DAO의 실질적인 투자 결정은 타인에 의존하는 구조였다는 점 등을 들었습니다. 이를 종합적으로 살펴볼 때 DAO는 증권법규를 준수해야 하는 증권에 해당하는 것으로 결론 내렸습니다.

DAO가 참여자 전체의 의사 결정 과정을 통해 운영되고 특정인에 의해 사업수행이 이뤄지지 않는다는 점을 고려할 때 운용사가 존재하는 집합투자증권이나 타인의 사업에 투자하는 투자계약증권에는 해당하지 않는다는 반론도 있을 수 있습니다. 결국 DAO의 목적이 이익을 얻지 않는 공익사업에 대한 기부가 아니라면 DAO 사업 수행에 따른 투자자 보호를 어떻게 할 것인지에 대한 문제로 귀결됩니다.

자본시장법 등 금융관계법령은 금전이나 재산적 가치가 있는 것을 모아서 투자할 경우 투자자 보호를 위한 여러 법적 장치를 마

▼
1. SEC, 'Report of Investigation Pursuant to Section 21(a) of the Securities Exchange Act of 1934: The DAO', 2017. 7. 25.

련하고 규율하고 있습니다. DAO에 대해서도 동일한 법적 규제를 할 필요가 있는지가 문제 되는 것입니다.

DAO는 재산적 가치가 있는 가상자산을 실제 사업에 투자하는 수단으로 활용할 수 있다는 점에서 가상자산의 활용 가치를 높이는 수단이 될 수 있습니다. 반대로 자본시장법 등 기존 법률 체계에서 자금조달 시 적용되는 여러 규제를 회피하는 수단으로 악용될 수도 있습니다. 현재 정부는 가상자산에 관한 기본법인 디지털자산 기본법을 제정하고자 합니다. 여기서 증권 성격을 띠는 가상자산에 대해 자본시장법 규율 체계 내로 편입해 규율한다는 입장을 가지고 있는 것으로 알려져 있습니다.

DAO도 선임된 업무집행자의 결정이 사업에 큰 영향을 미친다고 판단되면 투자자 보호 관점에서 자본시장법 등 기존 증권 관련 법령에 따른 규율을 받게 될 가능성이 높습니다. DAO에 대해 자본시장법 등 기존 증권 관련 법령에 따른 규제가 적용된다면 법적 요건을 준수하면서 가상자산의 모집과 이를 통한 사업 수행이 가능하게 될 것입니다.

SECTION 1 Case 14

디파이는 금융시장에 어떤 영향을 끼치게 될까요?

최근 들어 주위에서 디파이(Decentralized Finance, DeFi) 또는 씨파이(Centralized Finance, CeFi)라는 말을 심심치 않게 들을 수 있습니다. 사전적으로 디파이는 탈중앙화된 금융 서비스를, 씨파이는 중앙화된 금융 서비스를 말하는데 그 의미가 잘 와닿지는 않습니다.

전통적 금융 서비스, 씨파이

먼저 씨파이는 우리가 잘 알고 있는 형태의 금융 서비스입니다. 은행, 증권, 보험, 카드, 신탁, 캐피탈, 저축은행, 리츠 등 전통적 금융서비스(이 때문에 씨파이를 트레이드파이(TradFi)라고도 합니다)가 이에 해당합니다. 이러한 서비스를 제공하는 금융회사는 '중개자'라는 공통된 특징을 가집니다. 예를 들어 은행은 돈을 맡기고 싶은 사람에게는 예금 서비스를, 돈이 필요한 사람에게는 대출 서비스를 제공하는 중개자 역할을 하고 수수료를 받습니다. 중개자로서는 상대하는 고객의 신원 확인과 신용도 파악이 필수이며 금융거래 정보를 관리하는 데 막대한 비용을 투입할 수밖에 없습니다. 아울러 씨파이 생태계에서 금융거래는 법정화폐로 이루어집니다.

블록체인 기반 금융 서비스, 디파이

반면 디파이는 이러한 '중개자'가 필요하지 않습니다. 모든 데이터가 투명하게 분산 관리되고 가상자산으로 거래가 이뤄진다는 점에서 차이가 있습니다. 디파이에서 금융거래를 하고 싶은 사람은 중개자를 거치지 않고 블록체인 네트워크를 기반으로 스마트 콘트랙트를 체결해 참여하며 가상자산으로 투자합니다. 해킹할 수 없는 블록체인 기반 소프트웨어를 쓰기 때문에 시스템 관리 비용이 크게 줄어듭니다.

> **디파이 사례 1 : 대출(Lending)**
> 디파이 플랫폼에서 돈을 빌려야 하는 사람은 가상자산을 담보로 맡기고 스마트 콘트랙트를 이용해 담보계약을 체결한 다음 스테이블코인을 대출 받을 수 있다. 담보와 대출 대상이 모두 가상자산이며 이율은 가상자산 시장의 변화 및 담보자산에 대한 리스크 평가 후 정해진다. 담보로 맡긴 가상자산의 가치는 대출받은 스테이블코인의 가치를 일정 비율(예: 1.5배) 이상 웃돌아야 하고, 밑돌 때 담보자산은 청산될 수 있다.

씨파이(CeFi)와 디파이(DeFi)의 차이점

구분	씨파이	디파이
중개자	금융회사(은행, 증권사 등)	없음
거래수단	법정화폐	가상자산
허가	허가 필요	허가 필요 없음
지역·시간	제한적 지역·시간대 서비스	제한 없음
계약 방식	전통적 계약	스마트 콘트랙트

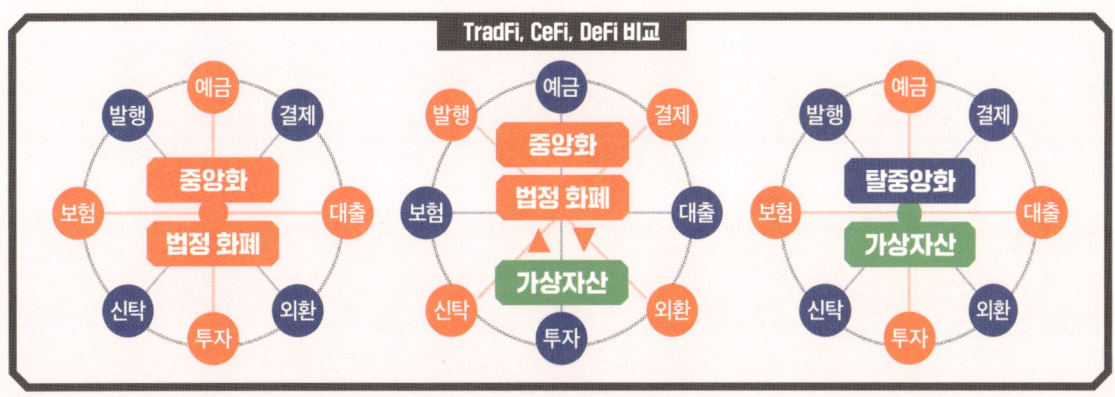

디파이는 결합 서비스를 쉽게 해 다양하게 활용할 수도 있습니다. 이른바 관치금융의 폐해도 없고 중앙집중식 금융시스템의 주기적 불안정성도 최소화할 수 있으며, 신용도가 낮은 금융 취약 계층에게 빠르고 효과적인 금융 서비스를 할 수 있다는 장점도 있습니다. '머니 레고'라는 별명에서도 알 수 있듯이 디파이는 레고를 조립해서 새로운 모양의 레고를 자유자재로 만들 수 있는 것처럼 다른 디파이의 속성과 결합해서 새로운 디파이를 계속해서 만들 수 있습니다. 이게 가능한 이유는 기본적으로 디파이가 오픈 소스 문화이기 때문인데요. 다른 개발자가 개발한 코드에 본인이 원하는 기능을 더해 또 다른 서비스를 출시할 수 있습니다.

자본시장연구원에 의하면 디파이 서비스 분야는 2021년 기준으로 대출이 47%로 가장 비중이 높고, 탈중앙거래소가 36%이며, 점차 자산관리, 파생상품 등으로 영역이 다양화되는 추세입니다. 전통 금융의 약점인 불투명성, 폐쇄성, 고비용 등의 단점을 보완할 수 있는 디파이의 장점이 시장 참여자에게 부각된 결과로 보입니다. 디지털자산의 중

디파이 사례 2 : DEX

기존의 가상자산 거래소는 증권거래소와 같은 프레임으로 설계된 것이지만, 탈중앙거래소(Decentralized Exchange, DEX)는 P2P 형식의 가상자산 교환 거래 플랫폼으로 개개인이 직접 가상자산을 관리한다. 거래소 해킹이나 부정거래로부터 안전하다는 장점이 있으나 법정화폐를 다루지 않는 점은 이용자 편의성을 떨어뜨리는 요인이다.

∨
1. 과학기술정보통신부, 블록체인 기반 혁신금융 생태계 연구보고서, 30p

요성이 커짐에 따라 금융 분야에서도 디파이가 전통 금융을 위협하는 게임 체인저가 될 것이라는 견해가 있습니다. 하지만 가상자산의 큰 변동성 때문에 제대로 된 금융서비스의 역할을 수행하는 데는 제한이 있다는 반론도 만만치 않습니다. 무엇보다 법정화폐와 단절된 디파이 금융 시스템은 근원적 한계가 있다는 지적이 설득력을 얻고 있습니다. 디파이 세계에서 금융이나 보안 사고가 발생한 경우 이를 해결할 수 있는 금융회사나 법적 보호 장치가 없다는 치명적 약점도 있습니다.

최근 가상자산 기반의 금융 시스템에 중앙화 금융을 접목한 새로운 씨파이가 등장해 주목받고 있습니다. 가상자산을 기반으로 한 금융 서비스라는 점에서는 디파이와 유사하나 법정화폐와 가상자산 간 교환을 통해서 전통 금융 시스템과의 결합을 도모한다는 점에서는 큰 차이가 있습니다.

디파이는 전통 금융시장을 완전히 대체하는 역할을 하기보다는 전통 금융 서비스와 병존하거나 그와 접목된 새로운 금융 세계를 만드는 방향으로 진화할 것이란 전망입니다.

SECTION 1 Case 15

굴뚝산업 회사가 암호화폐 채굴 사업을 하려면 어떻게 해야 할까요?

소위 '굴뚝산업'을 영위하는 전통 제조업 회사들도 가상자산 사업을 시도하는 경우가 종종 있습니다. 기존 굴뚝기업도 암호화폐 채굴 사업을 할 수 있을까요? 결론부터 말하면 할 수 있습니다.

암호화폐 채굴 사업에 필요한 요건

우선 국내 기업의 대부분을 차지하는 주식회사의 경우 주주총회를 통해 정관에 기재된 사업 목적에 '전자화폐 및 암호화폐 관련 사업'을 추가하는 정관 변경 절차가 필요합니다. 정관 변경은 출석한 주주의 의결권 3분의 2 이상과 발행주식 총수의 3분의 1 이상의 결의가 필요한 특별결의 사항에 해당합니다. 또한 가상자산 채굴사업에 새로 진출하는 것은 신규사업 및 투자에 관한 사항입니다. 회사의 업무 집행에 관한 것이므로 이사회의 결의를 통해 이뤄져야 합니다.

다음으로 채굴업을 할 부지가 필요합니다. 제조업 회사는 이미 공장을 갖고 있지만 채굴사업장에서 채굴 장비를 이용해 가상자

34개
신고제 도입 후 국내 가상자산 사업자 수 (원화마켓 5개사, 코인마켓 21개사, 8개 지갑·보관 업자)
자료 금융위원회 금융정보분석원(FIU) (2022년 4월 기준)

정관 변경 절차
주주총회를 통해 정관에 기재된 사업 목적에 '전자화폐 및 암호화폐 관련 사업'을 추가하는 정관 변경 절차

산을 채굴하는 것은 통계청장이 고시하는 표준산업 분류상의 제조업에 해당하지 않습니다. 이 때문에 원칙적으로 제조업을 전제로 한 공장(산업집적법상 공장)에 채굴사업장을 설치하면 안 됩니다. 또한 공장이 산업단지에 속해 있는 경우 업종 변경으로 인한 변경계약의 체결이 필요하므로, 임의로 업종 변경을 해 채굴사업장을 설치해선 안 됩니다. 가상자산 채굴사업장은 공장으로 승인받지 않은 부지나 공장 승인에서 해제된 부지에 설치하는 것이 바람직합니다.

부지가 준비됐다면 이제 채굴 장비를 가동할 전력이 필요합니다. 전력을 공급하는 한국전력공사 기본 공급약관에 따르면 전기 사용 용도에 따라 주택용전력·일반용전력·교육용전력·산업용전력·농사용전력·가로등·예비전력·임시전력으로 구분됩니다. 여기서 일반용전력은 다른 전력 항목을 제외한 나머지를 의미합니다. 가상자산의 채굴을 위한 전력은 위에서 열거된 전력 어디에도 속하지 않으므로, 일반용전력에 해당합

니다. 만약 가상자산 채굴을 위한 전력으로 일반용전력보다 저렴한 산업용전력, 농사용 전력 등을 사용하면 어떻게 될까요. 한전은 정당하게 계산되지 않은 금액의 3배를 한도로 위약금을 청구할 수 있습니다. 가상자산 채굴에 필요한 전력은 일반용전력으로 사용해야 합니다.

채굴업과 가상자산사업자의 상관 관계

'특정 금융거래정보의 보고 및 이용 등에 관한 법률'(이하 특금법)에 가상자산사업자에 관한 규정이 있어 채굴업을 하는 것으로 인해 특금법상의 가상자산사업자로 분류되는 것이 아닌가 하는 의문이 있을 수 있습니다. 하지만 금융정보분석원과 금융감독원이 2021년 2월에 배포한 가상자산사업자 신고 매뉴얼과 그 예시에 따르면 본인 자신을 위해 가상자산을 보관·관리하거나 이를 매도·매수하는 자는 신고해야 하는 가상자산사업자로 보지 않습니다. 가상자산 채굴업을 영위하며 채굴을 통해 취득한 가상자산을 보관, 관리, 매도하는 행위는 본인을 위한 행위입니다. 단순히 이러한 행위를 한다는 이유만으로 특금법상의 가상자산사업자에 해당한다고 보기는 어렵습니다.

명확한 기준이 없는 과세 기준

채굴을 통해 가상자산을 벌어들였다면 세금을 생각해야 합니다. 원칙적으로 법인이 벌어들인 이익이 사업목적으로 지출한 비용보다 큰 경우 그 차액만큼 법인의 순자산이 증가하는데, 이 순자산 증가액은 법인의 법인세 과세 대상 소득이 됩니다. 법인세법은 법인의 과세 대상 소득에 대해 포괄적으로 규정하고 있기 때문입니다. 따라서 가상자산 채굴업을 통해 거둔 이익 중 전기요금, 임대료 등의 비용을 제외한 소득에 대해서는 과세가 이뤄집니다. 다만 채굴업의 경우 세부적으로 들여다보면 과세 시점이 문제될 수 있습니다. 채굴자가 원시취득한 가상자산의 경우 과세시점을 가상자산을 채굴해 취득한 때로 할 것인지, 그 가상자산을 처분해 현금화한 때로 할 것인지를 두고 이견이 나올 수 있습니다. 채굴자가 지출한 채굴 원가 역시 어느 시점의 비용으로 인식할 것인지도 따져봐야 할 문제입니다. 이에 대한 명확한 기준이 아직 제시되지 않았습니다. 정부의 합리적 기준 마련이 필요한 상황입니다.

> **굴뚝산업**
> 정보통신(IT) 산업과 대비되는 개념으로, 전통적인 제조업을 일컫는다. 전통적인 1차 제조산업은 공장을 통한 생산제조산업을 의미한다. 1차 제조산업이 연기를 내뿜는 공장의 굴뚝으로 상징되기 때문에 굴뚝산업이라고 불린다. 정보통신을 비롯한 첨단 산업에 대비되는 개념으로, 지식 산업은 주로 '굴뚝 없는 공장'으로 불린다.

미국과 EU의 암호화폐 법안 주요 내용

미국 '책임 있는 금융혁신법안'
암호화폐 관련 보조자산 개념 신설
증권거래위원회가 상품·보조자산 분류 심사
상품거래위원회가 상품으로 분류된 암호화폐 감독

EU '가상자산 규제법'
발행인 규제·공시의무
불공정거래·사업자 규제

SECTION 2
가상자산 궁금증에 대한 명쾌한 답변

EU, 최초 암호화폐 규제법 합의

최초의 암호화폐 기본법이 유럽연합(EU)에서 나왔다. 암호화폐의 정의부터 발행사·거래소 규제를 총망라한 법률이다. 바젤은행감독위원회(BCBS)는 암호화폐로 인한 리스크가 기존 금융권으로 번지는 것을 차단하기 위해 '암호화폐 총량 규제' 도입을 권고하고 나섰다. 유럽의회는 2022년 6월 30일(현지시간) EU 이사회와 '가상자산 규제법(MiCA)'에 잠정 합의했다고 발표했다. MiCA는 EU 27개 회원국의 암호화폐산업을 규제하는 근거법이 될 것으로 예상된다. MiCA는 암호화폐 발행인(개발자와 마케터 포함)의 자격과 공시를 의무화한 게 핵심이다. 시세 조종이나 미공개 정보 이용 등의 불공정거래 행위를 금지하는 등 자본시장 규제 방식을 적용했다. 암호화폐거래소에 대해서도 자본금 요건 등 진입 규제와 행위 규제, 건전성 규제를 도입하는 내용을 담았다.

▼

EU, 세계 첫 암호화폐 규제법 합의
(한국경제 2022.07.01)

SECTION 2　Question

Q1 법인은 가상자산 거래소에서 거래할 수 없나요?

법인이 가상자산 거래소에서 가상자산을 거래하는 것을 금지하거나 제한하는 법률 규정은 없습니다. '특정 금융거래정보의 보고 및 이용 등에 관한 법률'(이하 특금법)도 가상자산 사업자를 포함한 금융회사 등에 자금 세탁방지 의무를 이행하도록 해 자금 세탁행위를 규제하는 법률로, 법인의 가상자산 거래를 제한하거나 금지하고 있지 않습니다. 그렇다면 법인이 거래소에서 거래할 수 없다는 것은 어떤 의미일까요?

용어 설명

자금세탁 방지제도
각종 범죄나 부정·비리로 조성된 자금을 깨끗한 돈으로 가장하는 것을 적발하고 예방하기 위한 법적, 제도적 장치. 사법제도, 금융제도, 국제협력을 연계해 종합적으로 관리하는 제도다.

특금법은 가상자산과 금전의 교환행위를 하는 가상자산 사업자에게 실명을 확인할 수 있는 입출금 계정을 통해 고객과 거래해야 한다고 규정하고 있습니다. 실명을 확인할 수 있는 입출금 계정은 줄여서 실명 확인 입출금계정이라고 합니다. 가상자산 사업자도 은행에 실명 확인 입출금계정 내 계좌를 갖고 있어야 하고, 가상자산 사업자와 거래하려는 고객도 같은 은행에 실명 확인 입출금계정 내 계좌를 보유해야 합니다. 2021년 특금법 시행 당시 많은 수의 가상자산 거래소가 원화마켓(원화로 가상자산을 투자하는 마켓)을 폐쇄하고 BTC마켓(비트코인으로 가상자산을 투자하는 마켓)을 운영하게 됐는데요. 실명 확인 입출금계정을 발급 받지 못했기 때문입니다.

실명 확인 입출금계정은 개설할 수 없는 법인

법인도 가상자산 거래소와 거래하기 위해서는 실명 확인 입출금계정 내에 계좌가 있어야 합니다. 그런데 은행은 실명 확인 입출금계정 계좌를 개설할 수 있는 고객의 범위를 개인으로만 제한하고 법인에 허용하지 않고 있습니다.

은행이 법인에는 실명확인 입출금계정 계좌의 개설을 허용하지 않는 것을 지적하는 의견도 있습니다. 자유롭게 가상자산 거래를 하고자 하는 법인의 의사를 법률상의 근거도 없이 제한하는 것이라고 주장하죠. 그러나 은행이 법인에 실명확인 입출금계정 계좌의 개설을 허용하지 않는 건 나름의 이유가 있습니다.

자금 세탁방지를 위한 은행의 조치

은행은 가상자산 거래소에 실명 확인 입출금계정을 발급할 때 가상자산 거래소의 거래에 내재한 자금 세탁행위의 위험을 식별·분석·평가해야 합니다. 이 같은 위험 평가는 은행 고유의 자금 세탁방지 의무입니다. 만약 은행이 가상자산 사업자 및 가상자산 거래에 관한 자금 세탁위험을 제대로 평가하지 못했고, 실제 자금 세탁행위가 발생한다면 은행 입장에선 그 자체로 상당한 리스크를 초래하게 됩니다.

대부분의 은행은 법인의 경우 개인보다 규모가 크고 실제 소유자를 파악하기 어렵다고 위험평가를 하고 있습니다. 이런 이유로 은행이 법인에 실명 확인 입출금계정 계좌 개설을 허용하지 않는 것이죠.

만약 은행이 법인의 자금 세탁위험을 통제할 수 있다고 판단한다면, 법인의 실명 확인 입출금계정 내 계좌 개설을 허용할 겁니다. 이럴 경우 법인도 거래소에서 가상자산 거래를 할 수 있죠. 최근 한 시중 은행에서 시범적으로 법인에 실명 확인 입출금계정 내 계좌 개설을 허용했다는 보도가 있었습니다. 은행이 고객 평가를 통해 자금 세탁위험이 상대적으로 적은 우량 상장 회사와 같은 법인의 경우 자금세탁 위험을 통제할 수 있다고 판단했기 때문일 것입니다.

A1

가상자산 거래소와 거래하기 위해서는 실명 확인 입출금계정 내에 계좌가 있어야 합니다. 그런데 은행은 실명 확인 입출금계정 계좌를 개설할 수 있는 고객의 범위를 개인으로만 제한하고 법인에 허용하지 않고 있습니다. 이 때문에 법인이 가상자산 거래소에서 가상자산 거래를 하지 못하게 된 것입니다.

자금세탁 방지제도

혐의거래보고제도 (Suspicious Transaction Report, STR)	특정범죄의 자금세탁과 관련된 혐의거래 또는 외환거래를 이용한 탈세 목적의 혐의거래가 있는 2000만원 이상 원화거래 또는 미화 1만달러 이상 외환거래의 경우 금융회사 등이 금융정보분석원에 의무적으로 보고해야 한다.
고액현금거래보고제도 (Currency Transaction Report, CTR)	혐의거래보고를 보완하기 위한 제도로, 한 은행에서 1일 현금거래가 일정 기준금액(1000만원)을 넘어설 때 보고 해야 한다.
고객주의의무 (Customer Due Diligence, CDD)	금융회사의 서비스가 자금세탁 등 불법행위에 이용되지 않도록 1회 2000만원 이상을 거래하는 고객의 신원, 실제 당사자 여부 및 거래목적 등을 금융회사가 확인함으로써 고객에 대해 적절한 주의를 기울여야 한다.

Q2. 가상자산 거래소에서 거래하려면 개인정보를 제공해야 하나요?

은행은 고객이 예금, 대출 등 금융거래를 요청할 때 고객의 주민등록번호 등 개인정보를 요구합니다. 요즘은 스마트폰 앱을 통한 비대면 계좌 개설이 일반화돼 있습니다. 이때 주민등록증 사진을 찍는 방법으로 정보를 제공한 경험이 있을 것입니다.

가상자산 거래소에서 거래할 때 제공해야 하는 개인정보

신원사항 (실명, 주소, 연락처)	가상자산 거래소는 자금세탁방지에 관한 기본법인 특금법 적용을 받는 가상자산 사업자이기 때문이다.
직업, 자금의 원천, 금융거래의 목적	특금법은 고객이 자금세탁행위를 할 우려가 있는 경우 자금 원천, 금융거래 목적 등 강화된 고객 확인 의무를 이행해야 한다고 규정하고 있다.

금융회사가 주민등록증을 통해 고객의 실명(실지명의의 줄임말)을 확인하는 이유는 실명으로만 금융거래하도록 법률에서 강제하고 있기 때문입니다. 금융회사의 실명 금융거래 의무는 '금융실명거래 및 비밀보장에 관한 법률'(이하 금융실명법)에 근거 규정을 두고 있습니다.

금융회사가 고객의 개인정보를 요구하는 경우

금융회사가 금융실명법에 따라 고객의 실명을 확인하는 것 이외에 고객의 개인정보를 요구하는 다른 경우로 투자성향 분석이 있습니다. 고객이 펀드와 같은 금융투자상품에 가입할 때 해당 금융투자상품에 투자하는 데 적합한 투자자인지를 파악하는 방법입니다. '금융소비자 보호에 관한 법률'(이하 금융소비자보호법)은 금융회사가 투자상품을 판매할 때 사전에 고객의 투자성향을 분석해 투자성향에 적합한 금융투자상품만을 권유해야 한다고 규정하고 있습니다.

이를 '적합성 원칙'이라고 합니다. 펀드 가입을 할 때 금융투자상품에 가입한 경험이 있는지, 파생상품에 투자한 경험이 있는지, 원금 보장을 원하는지, 원금손실을 감수할 수 있는지, 원금손실을 감수할 수 있다면 어느 정도의 손실까지 감수할 수 있는지 등 다양한 질문을 받게 됩니다. 적합성 원칙에 따른 투자 성향 분석을 위한 것입니다.

가상자산 거래소에 가입할 때도 이

2021년 9월 국민의힘 가상자산특위의 '올바른 가상자산산업기본법 제정을 위한 입법 토론회'가 서울 여의도 국회에서 열렸다.

름과 주민등록번호 제공을 요구합니다. 가상자산 거래소가 금융실명법이나 금융소비자보호법을 적용받는 금융회사는 아니지만, 자금 세탁 방지에 관한 기본법인 '특정 금융거래정보의 보고 및 이용 등에 관한 법률'(이하 특금법)의 적용을 받는 가상자산 사업자이기 때문입니다. 특금법은 금융실명법이나 금융소비자보호법과 같이 금융회사뿐 아니라 가상자산 사업자에게도 적용됩니다.

가상자산 사업자는 비대면성, 거래추적의 어려움, 실제 소유자 식별의 어려움, 다양한 용도로의 활용, 국가 간 규제 및 감독 수준의 차이로 인해 자금세탁에 활용될 위험이 큽니다.

특금법은 금융회사, 가상자산 사업자, 카지노 사업자를 모두 포함하는 개념으로 '금융회사 등'이라는 용어를 쓰고 있습니다. '금융회사 등'은 모두 자금 세탁방지 의무를 부담하도록 규정했습니다. 특금법상 자금 세탁방지 의무는 크게 의심 거래 보고, 고액 현금거래 보고, 고객 확인 의무로 구성됩니다. 이 중 고객 확인 의무는 금융회사 등이 신규 거래를 할 때 고객의 신원에 관한 사항을 확인해야 한다는 것을 주된 내용으로 합니다. 가상자산 사업자도 '금융회사 등'에 포함되므로 가상자산 거래소는 고객 확인 의무를 이행해야 합니다.

고객 확인 과정에 필요한 정보

고객은 가상자산 거래소의 고객 확인 과정에서 어떤 정보를 제공해야 할까요? 대표적으로 신원사항이 있습니다. 특금법에 따르면 개인의 경우 '신원사항'이란 실명(주민등록표에 기재된 성명), 주소, 연락처(전화번호 및 전자우편주소)를 말합니다. 영리법인의 경우에는 실명(사업자등록증에 기재된 법인명 및 등록번호), 업종, 본점 및 사업장 소재지, 연락처, 대표자의 성명과 생년월일 및 국적을 말합니다.

그런데 가상자산 거래를 하다 보면 이미 제공한 주민등록번호 등 신원사항 이외에 직업, 자금의 원천, 금융거래의 목적과 같은 추가 정보를 요구받는 경우가 있습니다. 특금법은 고객이 자금 세탁행위를 할 우려가 있는 경우 자금 원천, 금융거래 목적 등 강화된 고객 확인 의무를 이행해야 한다고 규정하고 있습니다. 가상자산 거래소가 고객에게 추가적인 개인정보의 제공을 요청할 근거를 마련해 둔 것이죠.

이처럼 가상자산 거래소에서 거래할 때는 고객 확인 의무 때문에 거래 이전에 실명, 주소, 연락처, 거래목적, 자금 원천, 직업 등의 다양한 개인정보를 제공해야 합니다.

A2

특금법은 고객이 자금세탁행위를 할 우려가 있는 경우 자금 원천, 금융거래 목적 등 강화된 고객 확인 의무를 이행해야 한다고 규정하고 있습니다. 가상자산 거래소가 고객에게 추가적인 개인정보의 제공을 요청할 근거를 마련해 둔 것이죠. 이처럼 가상자산 거래소에서 거래하고자 할 때는 다양한 개인정보를 제공해야 합니다.

금융실명제

금융회사와 거래를 함에 있어 본인의 실명으로 거래해야 하는 제도. 1993년 8월 13일부터 '금융실명제 실시에 관한 대통령 긴급 재정 경제 명령'으로 시행됐으며 2014년 12월 1일부터는 타인의 이름을 빌리는 차명거래도 일절 금지함으로써 한층 강화됐다.

SECTION 2　Question

Q3 가상자산도 주식처럼 상장할 수 있나요?

'상장'이란 한국거래소가 정한 요건을 충족한 기업이 발행한 주권을 증권시장에서 거래할 수 있도록 허용하는 것을 의미합니다. 회사는 어느 정도 규모로 성장을 하게 되면 불특정 다수의 외부 투자자에게 주식을 공개하고 자금을 조달하는 행위인 기업공개(Initial Public Offering, IPO)를 통해 회사의 주식을 상장하게 됩니다.

가상자산 시장에서도 증권시장의 기업공개(IPO)와 비슷한 암호화폐 공개(Initial Coin Offering, ICO)라는 용어를 사용합니다. 암호화폐 공개(ICO)는 2015년 비탈릭 부테린(Vitalik Buterin)이 ICO를 통해 이더리움을 개발하면서 널리 알려지게 됐습니다. ICO는 회사의 자금조달 목적이라는 측면에서 IPO와 유사한 측면이 있으나 가상자산을 사용한다는 점에서 큰 차이가 있습니다.

ICO의 장점

증권시장의 IPO는 한국거래소가 상장요건을 충족한 회사인지를 매우 엄격한 기준에 따라 심사해 상장 여부를 결정합니다. 이 과정에서 많은 시간과 비용이 들어가고 때에 따라서는 상장이 좌절될 수도 있습니다. 반면 암호화폐 공개는 주관사와 같은 중개 기관을 거치지 않습니다. 개발자와 개인 투자자 간에 직접 자금 서비스를 전달하게 돼 비용이 많이 소요되지 않습니다. 뿐만 아니라 최소 2~3년이 걸리는 기업공개와 달리 일반적으로 3개월~1년 정도밖에 안 걸립니다.

국내에서 암호화폐 공개를 하지 않는 이유

이러한 암호화폐 공개의 장점에도 불구하고 국내에서는 정부가 암호화폐 공개를 '자본시장과 금융투자업에 관한 법률' 위반으로 처벌한다고 밝힘에 따라 현재까지 국내에서 진행된 암호

ICO, IPO 비교

구분	ICO	IPO
착수	백서를 작성하고 크립토 커뮤니티에 고지해 관심과 피드백을 받음. 주관사가 없음	IPO 인수업무를 담당하는 투자은행 선정
문서화	백서&웹페이지, 증권신고서 심사 없음	금융당국에 증권신고서와 투자설명서 제출
마케팅	크립토 포럼, 커뮤니티 채널에서 PR 캠페인, 청약 행위 규제 받지 않음	기관투자자에 대한 사전 판매 행위 및 공모가격 결정 등의 로드쇼
판매 절차	매수인이 토큰에 대한 반대급부로서 가상자산을 디지털 주소로 보냄 → 스마트계약 시행	투자자들이 청약 내용에 따라 일정한 양의 주식을 배정 받음
상장	가상자산 거래소에 토큰 상장	주식이 거래소에 상장
소유	가상자산의 소유권에 관한 법률관계가 불분명	투자자는 해당 상품의 지분 획득

화폐 공개는 없습니다. 이러한 정부 규제로 인해 국내 기업들은 대부분 해외로 나가 암호화폐 공개를 하고 국내 가상자산 거래소에 가상자산(암호화폐)을 상장(등록)하는 식으로 규제를 우회하는 방식을 택했습니다. 국내에서 가상자산을 상장한다고 하면 암호화폐 공개를 의미하기보다는 가상자산(암호화폐)을 누구나 거래할 수 있도록 국내 가상자산 거래소에 상장(등록)하는 것으로 이해하고 있는 상황입니다.

국내 가상자산의 상장은 가상자산(암호화폐)을 발행하는 기업이 거래소에 상장을 신청하면, 국내 가상자산 거래소가 자율적으로 상장 여부를 결정하고 있어 투자자 보호나 시장 투명성 측면에서 많은 문제점에 노출돼 있습니다. 관련 법규와 제도가 없기 때문에 민간 국내 가상자산 거래소가 100% 자율로 결정하고 있습니다. 국내 가상자산 거래소가 상장의 판단기준으로 삼고 있는 '프로젝트 생태계' 등은 그 판단기준이 매우 모호합니다. 일부 가상자산 거래소는 구체적인 상장 기준도 공시하지 않고 있어 가상자산을 발행하는 기업이 허위로 가상자산을 발행하더라도 이를 사전에 검증하거나 사후 처벌하기도 어렵습니다. 엄격하고 까다로운 주식시장 상장과는 비교되는 대목입니다. 기업을 상장하기 위해서는 한국거래소의 유가증권 상장 기준 등에 따라 재무 심사 등 9가지 기준을 충족해야 합니다.

무분별하게 상장되는 가상자산

우리나라에서는 국내 가상자산 거래소 상장과 관련한 규정 자체가 없음에도 불구하고 2021년 12월 말 기준으로 약 1200여개의 가상자산이 국내 가상자산 거래소에 상장돼 거래되고 있습니다. ▽1 면밀하게 검증되지 않은 소위 위험한 가상자산이 국내 가상자산 거래소에서 거래되고 있어 최근 단시간에 가치가 급격히 폭락해 상장 폐지된 테라·루나 사태 같은 사고가 다시 발생할 수도 있습니다.

지난 8년 동안 전 세계 가상자산 거래소에서 8950개의 암호화폐가 신규 상장됐다가 이 중 약 40%가 상장폐지됐습니다. 특히 상장폐지된 가상자산의 약 90%는 3년을 넘기지 못했습니다. 이런 점을 고려할 때, ▽2 정부가 가상자산 상장과 관련한 규정이나 자율규제안 등 가상자산 투자자 보호와 시장 투명성 강화를 위한 규제를 빨리 마련해야 한다는 목소리가 커지고 있습니다.

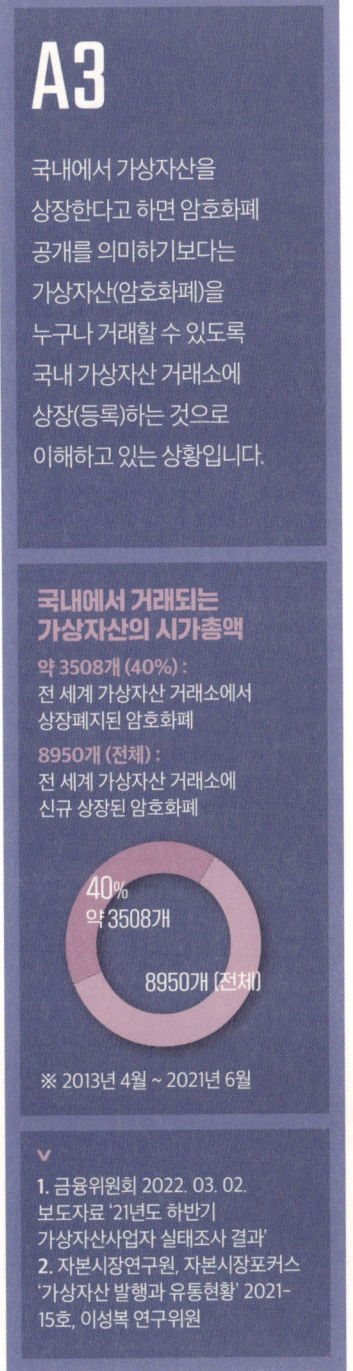

A3

국내에서 가상자산을 상장한다고 하면 암호화폐 공개를 의미하기보다는 가상자산(암호화폐)을 누구나 거래할 수 있도록 국내 가상자산 거래소에 상장(등록)하는 것으로 이해하고 있는 상황입니다.

국내에서 거래되는 가상자산의 시가총액

약 3508개 (40%) : 전 세계 가상자산 거래소에서 상장폐지된 암호화폐

8950개 (전체) : 전 세계 가상자산 거래소에 신규 상장된 암호화폐

40%
약 3508개

8950개 (전체)

※ 2013년 4월 ~ 2021년 6월

▽
1. 금융위원회 2022. 03. 02. 보도자료 '21년도 하반기 가상자산사업자 실태조사 결과'
2. 자본시장연구원, 자본시장포커스 '가상자산 발행과 유통현황' 2021-15호, 이성복 연구위원

SECTION 2　Question

Q4 블록체인에서 개인정보는 어떻게 보호되나요?

개인정보는 '4차 산업혁명 시대의 원유(Oil)'라고 불립니다. 국가와 기업의 핵심 자산으로 떠오르면서 개인정보 침해 가능성 또한 커졌습니다. 이에 각국은 개인정보를 보호하기 위한 여러 법과 제도를 두고 있는데 국내에선 '개인정보 보호법'이 있습니다.

용어 설명

개인정보
개인정보란 살아 있는 개인에 관한 정보다. 성명, 주민등록번호 등을 통해 개인을 알아볼 수 있는 정보 또는 해당 정보만으로 특정 개인을 알아볼 수 없더라도 다른 정보와 쉽게 결합해 알아볼 수 있는 정보를 의미한다.

개인정보처리자
개인정보처리자란 업무를 목적으로 개인정보 파일을 운용하는 공공기관, 법인, 단체, 개인 등을 말한다.

정보 주체
정보 주체는 개인정보의 주체가 되는 사람을 의미한다.

개인정보 보호법은 크게 4가지로 정리할 수 있습니다. ① 개인정보를 보호하고 ② 개인정보처리자를 규제하고 의무를 부담하며 ③ 정보 주체에 권리를 부여해 보호하고 ④ 개인정보의 처리 행위를 대상으로 합니다. 그런데 블록체인의 경우 개인정보를 포함한 데이터가 체인으로 연결된 블록 형태로 모든 참여자의 컴퓨터(노드)에 저장됩니다. 따라서 모든 참여자들은 해당 정보에 접근할 수 있지만, 블록에 정보가 한 번 입력된 이상 누구도 변경하거나 삭제하는 건 불가능합니다. 이러한 블록체인의 특성은 기존 개인정보 보호법의 체계와 충돌을 일으켜 위 4가지 사항의 적용을 어렵게 합니다.

블록체인 기술의 특징

블록체인에서 블록의 생성자는 한 쌍의 개인키와 공개키를 만듭니다. 비밀로 유지되는 개인키로 자신의 정보(거래)를 암호화하고, 공개키는 다른 참여자들에게 전달합니다. 이렇게 되면 참여자가 받은 정보를 복호화하고 인증할 수 있습니다. 복호화란 부호화되기 전 상태로 되돌리는 것으로, 디코딩이라고도 합니다. 공개키와 개인키는 정보를 암호화하기 위한 도구로 그 자체로 특정 개인을 식별할 수 없습니다. 하지만 최근에는 특정 개인을 연결할 수 있는 다양한 기술이 개발되고 있으므로 다른 정보와 쉽게 결합해 식별력을 갖추게 되면 이들도 개인

정보가 될 수 있습니다. 한편, 블록에 저장되는 정보 중 개인을 식별할 수 있는 정보가 있다면 그것이 암호화돼 있다 하더라도 개인정보에 해당할 것입니다.

블록체인에서의 개인정보 처리

블록체인의 경우 참여자 모두가 개인정보를 처리할 수 있습니다. 다만, 참여자의 구체적 신원이나 위치 등을 파악하기 어렵기 때문에 참여자를 개인정보처리자로 보더라도 개인정보 보호법상 의무를 지우고 법 집행을 할 수 없습니다. 물론 네트워크 참여가 특정 운영자에 의해 통제되는 폐쇄형 블록체인의 경우 해당 운영자를 개인정보처리자로 볼 수 있어 이러한 문제가 없을 것입니다. 블록체인의 경우 자신의 정보를 블록에 올려 두는 사람을 정보 주체라 합니다. 블록 생성자가 개인키로 자신의 개인정보를 통제하면서 개인정보 파일을 운용할 수도 있습니다. 이 때문에 정보 주체는 개인정보처리자의 지위도 함께 가질 수 있습니다.

블록체인의 특성상 개인정보의 처리에 있어서도 다양한 이슈가 발생합니다. 먼저, 개인정보 보호법은 개인정보를 공유하기 위해 정보 주체의 사전 동의를 얻도록 하고 있습니다. 그런데 블록체인의 탈중앙화·분산저장이라는 특성상 동의를 얻기 힘들다는 점이 있습니다. 또한 블록체인에 있는 정보를 수정할 수 없는 특성은 개인정보처리자의 파기(영구 삭제) 의무와 정보 주체의 정정권·삭제권 및 잊힐 권리의 구현을 어렵게 만들 수 있습니다. 이러한 문제는 입법적으로 해결할 수밖에 없는 사항입니다. 이와 관련해 최근 개인정보 보호법 시행령은 블록체인과 같이 영구 삭제가 현저히 곤란한 경우, 당해 정보의 익명화도 파기 방법이 될 수 있도록 개정됐습니다.

위와 같이 블록체인은 현행 개인정보 보호법과 많은 충돌을 야기할 수 있습니다. 충돌 문제를 해결하기 위해 개인정보를 블록체인 밖에(Off chain) 저장하고 필요한 경우 블록체인과 연동하는 방안 등도 논의되고 있습니다. 그러나 이럴 경우 블록체인의 장점이 퇴색된다는 반론도 있습니다.

한 번에 모든 것을 해결할 수 있는 묘책은 없습니다. 유연성을 갖고 기술 발전 속도에 맞춰 하나씩 입법으로 해결하는 것이 가장 현명한 방법입니다.

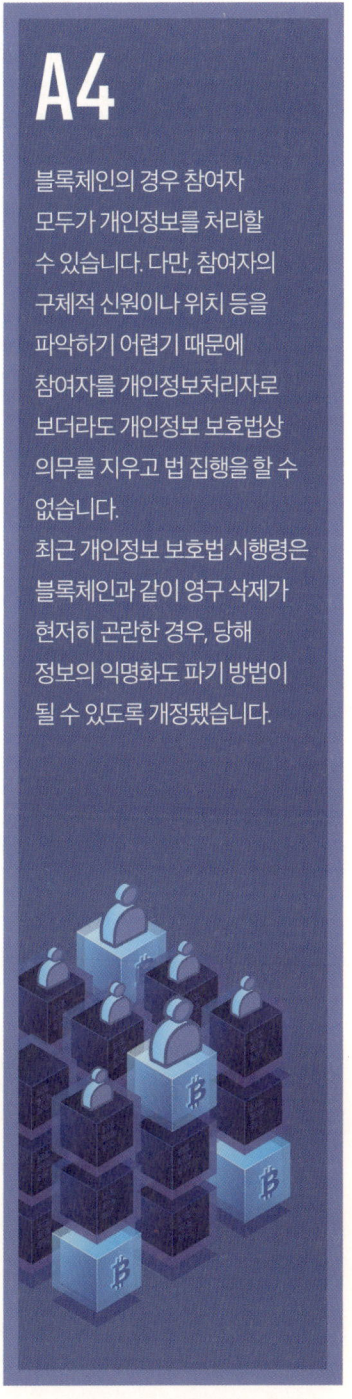

A4

블록체인의 경우 참여자 모두가 개인정보를 처리할 수 있습니다. 다만, 참여자의 구체적 신원이나 위치 등을 파악하기 어렵기 때문에 참여자를 개인정보처리자로 보더라도 개인정보 보호법상 의무를 지우고 법 집행을 할 수 없습니다.

최근 개인정보 보호법 시행령은 블록체인과 같이 영구 삭제가 현저히 곤란한 경우, 당해 정보의 익명화도 파기 방법이 될 수 있도록 개정됐습니다.

SECTION 2 | Question

Q5 가상자산 거래소 등 디지털자산 관련 사업을 하려면 어떤 요건을 갖춰야 하나요?

정부는 디지털자산 관련 사업의 일부인 가상자산 사업자에 대해 '특정 금융거래정보의 보고 및 이용 등에 관한 법률'(이하 특금법)에서 규율하고 있습니다.

가상자산 사업자 신고를 위해 필요한 서류

- 정관, 사업자등록증, 법인등기부등본, 발기인총회, 창립주주총회 등 설립 또는 신고의 의사결정을 증명하는 서류
- 본점의 명칭 및 소재지를 기재한 서류
- 대표자 및 임원 여부를 확인할 수 있는 서류
- 가상자산 사업자의 업무 방법을 기재한 서류
- 가상자산 취급 목록, 실명확인 입출금계정 발급 확인서, 정보보호 관리체계 인증서

특금법에서는 가상자산 사업자에 대해 ① 가상자산을 매도, 매수하는 행위 ② 가상자산을 다른 가상자산과 교환하는 행위 ③ 가상자산을 이전하는 행위(고객의 요청에 따라 가상자산의 매매, 교환, 보관 또는 관리 등을 위해 가상자산을 이전하는 모든 행위) ④ 가상자산을 보관 또는 관리하는 행위 ⑤ 위의 ① 및 ②의 행위를 중개, 알선하거나 대행하는 행위 가운데 하나를 영업으로 하는 자로 정의하고 있습니다. 이에 따르면 가상자산 거래업자, 가상자산 보관관리업자, 가상자산 지갑서비스업자 등이 특금법에서 정의하는 가상자산 사업자에 포함됩니다.

특금법에서 정의하는 가상자산 사업자

가상자산 거래업자는 일반적으로 가상자산 매매·교환 등을 중개·알선하기 위해 플랫폼을 개설하고 운영하는 사업자입니다. 가상자산 취급업, 교환업, 거래소 등으로 불립니다.

다만 가상자산이 있다는 사실을 알리는 게시판만 운영할 뿐, 당사자 간 거래는 개인별 지갑을 통해 이뤄진다면 가상자산 거래업자에 해당하지 않습니다. 가상자산 보관관리업자는 타인을 위해 가상자산을 보관·관리하는 행위를 영업으로 하는 자로서 가상자산 커스터디, 수탁사업 등으로 불립니다. 여기서도 가상자산 보관에 필요한 프로그램만 제공하고, 개인 암호키에 대한 통제권을 가지지 않아 가상자산의 이전, 보관, 교환 등에 관여하지 않는 경우는 가상자산 보관관리업자에 해당하지 않습니다.

가상자산 지갑서비스업자는 가상자산의 보관·관리 및 이전 서비스 등을 제공하는 사업자입니다. 중앙화 지갑서비스, 수탁형 지갑서비스, 월렛 서비스 등으로 통용됩니다.

가상자산거래에 대한 조언이나 기술 서비스를 제공하는 경우, 콜드월렛(가상자산 개인 암호키를 종이, 플라스틱, 금속 등 오프라인으로 출력해 보관) 등 하드웨어 지갑서비스 제조자 등은 가상자산 지갑서비스업자에 해당하지 않습니다.

가상자산 사업을 하려면 특금법에 따라 금융정보분석원장에게 미리 신고해야 합니다. 신고받은 금융정보분석원장은 정보보호 관리체계 인증을 받았는지, 실명확인 입출금계정을 확보했는지, 대표자 및 임원의 자격요건이 충족되는지 등을 심사해 신고수리 여부를 결정합니다.

가상자산 사업 신고 요건

가상자산 사업자로서 신고수리를 받기 위해서 먼저, 정보통신망 이용촉진 및 정보보호 등에 관한 법률 제47조 또는 개인정보 보호법 제32조의2에 따른 정보보호 관리체계 인증을 획득해야 합니다. 이 인증은 한국인터넷진흥원(KISA)에서 받을 수 있습니다. 다음으로 실명확인 입출금계정을 갖춰야 합니다.

가상자산 거래와 관련해 가상자산과 금전의 교환 행위가 없는 경우 실명확인 입출금계정이 필요하지 않습니다. 실명확인 입출금계정은 주로 은행에서 발급받습니다. 그런데 은행들은 자금세탁 위험 등을 이유로 발급에 매우 신중한 입장을 보이고 있습니다. 다음으로 가상자산 사업자(대표자 및 임원 포함)가 금융 관련 법률을 위반해 벌금형 이상의 형을 받고 그 집행이 끝나거나 집행이 면제된 날로부터 5년이 지나지 않았다면 가상자산 사업자로 신고할 수 없습니다.

이외에도 가상자산 사업자로 신고하려면 일정한 서류들을 준비해 금융정보분석원장에게 제출해야 합니다. 구체적으로 △정관, 사업자등록증, 법인등기부등본, 발기인총회, 창립주주총회 등 설립 또는 신고의 의사결정을 증명하는 서류 △본점의 명칭 및 소재지를 기재한 서류 △대표자 및 임원 여부를 확인할 수 있는 서류 △가상자산 사업자의 업무 방법을 기재한 서류 △가상자산 취급 목록, 실명확인 입출금계정 발급 확인서, 정보보호 관리체계 인증서 등입니다.

2022년 4월 28일 기준으로 34개 사업자가 금융정보분석원에 신고한 것으로 알려졌습니다. 대부분이 가상자산 거래업자입니다. 가상자산 사업을 준비하는 경우 해당 사업이 특금법 등의 규제 대상인지를 잘 살펴보고 사업을 준비할 필요가 있습니다.

A5

가상자산 사업을 하려면 특금법에 따라 금융정보분석원장에게 미리 신고해야 합니다. 신고받은 금융정보분석원장은 정보보호 관리체계 인증을 받았는지, 실명확인 입출금계정을 확보했는지, 대표자 및 임원의 자격요건이 충족되는지 등을 심사해 신고수리 여부를 결정합니다. 또한 가상자산 사업자로 신고하려면 일정한 서류들을 준비해 금융정보분석원장에게 제출해야 합니다.

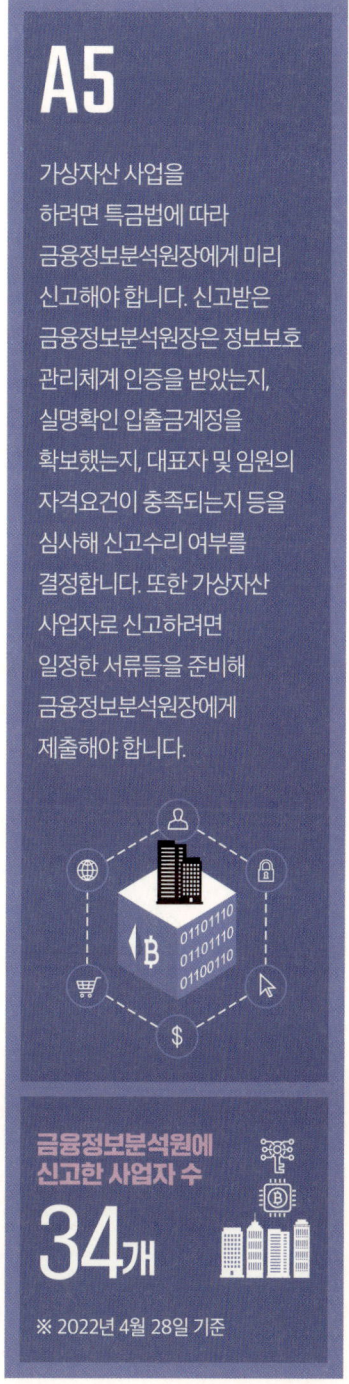

금융정보분석원에 신고한 사업자 수

34개

※ 2022년 4월 28일 기준

SECTION 2　Question

Q6 가상자산 거래로 얻은 소득에 대해 세금을 내야 하나요?

가상자산 소득에 대한 과세가 2023년부터 이뤄질 예정이었으나 과세 시기를 2025년까지 2년 유예하는 방안이 논의되고 있습니다. 개정 소득세법(2021. 12. 8. 법률 제18578호로 개정)에 따르면 가상자산은 상표권과 같은 무형자산으로 분류되고 연간기준으로 가상자산을 양도(매매, 교환), 대여함으로써 발생한 소득은 기타소득으로 분류돼 분리과세 됩니다. 가상자산 소득의 과세기간은 1년으로, 가상자산 거래를 통해 발생한 손실과 이익을 합산합니다. 단, 가상자산 소득금액이 250만원 이하인 경우 과세하지 않습니다.

거주자에 대한 가상자산 소득세액 계산식을 살펴보겠습니다. [①총수입금액(양도, 대여의 대가) - ②실제 취득가액(2023년 1월 1일 전에 이미 보유하고 있던 가상자산의 취득가액은 2022년 12월 31일 당시의 시가와 그 가상자산의 취득가액 중에서 큰 금액) - ③부대비용(거래 수수료, 세무 관련 비용 등) - ④기본공제(250만원)] × 20%로 계산합니다.

거주자의 가상자산 소득세액

예를 들어, 국내에 주소를 둔 A가 2020년 12월 10일 비트코인 1개를 2000만원에 취득한 후 2022년 12월 31일 그 시가가 3000만원에 이른 다음 2023년 7월 5일 4000만원에 팔았습니다. 그사이 관련 부대비용으로 100만원을 지출했습니다. 이 경우 A가 내야 할 세금은 143만원▼3이 됩니다.

만일 거주자가 비트코인과 도지코인을 맞바꾸는 것과 같은 가상자산 간 교환거래를 한 경우 그로부터 발생하는 소득은 기축 가상자산(비트코인, 이더리움, 테더)의 가액에 교환거래의 대상인 가상자산과 기축 가상자산 간

가상자산 소득세액 계산식

구분▼1	과세대상 거래	세율▼2	과세방식
거주자	양도, 대여	20%	분리과세
비거주자	양도, 대여, 인출	Min[지급금액×10%, (수입금액-필요경비)×20%]	원천징수

의 교환 비율을 적용해 계산합니다. 가상자산의 거래로 발생한 연간 손실이 이익을 초과해 결손금이 발생하더라도, 이를 이월해 가상자산소득에서 공제할 수는 없습니다.

비거주자의 가상자산 소득세액

비거주자의 가상자산 과세 대상 거래에는 가상자산의 양도, 대여뿐만 아니라 가상자산 사업자가 보관하는 가상자산을 인출하는 경우도 포함됩니다. 가상자산 사업자는 매달 원천징수 한 세액을 익월 10일까지 납부해야 합니다. 세액은 ① 가상자산 소득의 필요경비가 확인되는 경우 가상자산의 양도, 대여, 인출로 인해 지급하는 금액에 10%의 세율을 적용한 금액과 가상자산 소득의 수입금액에서 필요경비를 공제한 금액에 20%의 세율을 적용한 금액 중 적은 금액이 되고 ② 필요경비가 확인되지 않은 경우 양도, 대여, 인출로 인해 지급하는 금액에 10%의 세율을 적용한 금액이 됩니다. 만일, 비거주자가 한국과 조세 조약이 체결된 국가의 거주자라면 가상자산 사업자에게 비과세·면제신청서를 제출해 비과세·면제를 적용받을 수 있습니다.

2025년으로 예정된 가상자산 소득 과세

가상자산 소득에 대한 과세 시기가 2023년 예정에서 2025년으로 2년 더 유예될 경우 2024년까지 발생한 가상자산 소득에 대해서는 과세하지 않습니다. 2025년 이후에도 양도, 대여, 인출되지 않은 평가손익은 과세 대상이 아닙니다. 2025년부터 주식이나 채권 거래를 통한 양도차익은 '금융투자소득세'로 과세하면서 5000만원까지 공제됩니다. 이에 비해 가상자산은 기타소득세로 분류돼 250만원까지만 공제되는 불리한 부분이 있습니다.

한편, 가상자산 소득 과세가 2025년 이후로 연기됐다 해도 가상자산을 상속 또는 증여받은 경우 지금도 상속세 또는 증여세를 내야 합니다. 특히 정부는 2022년부터 가상자산을 상속 또는 증여받을 때 국내 4대 거래소(업비트, 빗썸, 코빗, 코인원)의 2개월 평균 가액을 기준으로 세금을 신고하고 내도록 할 방침입니다.

다만 가상자산 소득에 대한 실제 과세에서 여전히 여러 문제가 있을 것으로 보입니다. 예를 들어 가상자산의 채굴, 하드포크, 에어드롭이 과세 대상인지 여부는 명확하지 않습니다. 가상자산 소득을 기타소득으로 분류하는 것이 과연 적정한가도 여전히 논란의 대상입니다.

A6

가상자산 소득의 과세기간은 1년으로, 가상자산 거래를 통해 발생한 손실과 이익을 합산합니다. 단, 가상자산 소득금액이 250만원 이하인 경우 과세하지 않습니다. 어느 경우든 2022년까지 발생한 가상자산 소득에 대해서는 과세하지 않습니다. 2025년 이후에도 양도, 대여, 인출되지 않은 평가손익은 과세 대상이 아닙니다. 정부는 2022년부터 가상자산을 상속 또는 증여받을 때 국내 4대 거래소의 2개월 평균 가액을 기준으로 세금을 신고하고 내도록 할 방침입니다.

---

1. '거주자'란 국내에 주소를 두거나 183일 이상의 거소(居所)를 둔 개인을 말하고, '비거주자'란 거주자가 아닌 개인을 말한다.

2. 지방소득세 10%가 추가로 과세된다.

3. [①총수입금액 4000만원 − ②실제 취득가액 3000만원(2023년 1월 1일 전에 이미 보유하고 있었으므로 취득가액보다 큰 2022년 12월 31일 당시의 시가가 실제 취득가액이 됨)− ③부대비용 100만원 − ④기본공제 250만원] × 22%(지방소득세 포함)

SECTION 2 Question

Q7 예술품, 부동산, 게임 아이템 등 자산의 디지털 토큰화는 왜 일어나게 됐나요?

밀레니엄(2000년)을 앞두고 일어난 여러 일 중 버스 토큰(Token) 제도의 폐지가 있었습니다. 1977년에 도입된 버스토큰은 시간이 지나 버스 토큰은 사라졌지만, 최근 새로운 토큰이 등장했습니다.

디지털 토큰, 토큰화(Tokenization), 토큰경제(Token Economy) 등이 그것이죠. 토큰화란 예술품, 부동산, 게임 아이템 등의 자산을 블록체인 네트워크상의 토큰으로 바꿔서 그 권리를 디지털화하고 거래할 수 있도록 하는 것을 말합니다.

디지털 토큰의 활용

디지털 토큰은 지불형 토큰, 이용형 토큰, 증권형 토큰 등과 같이 다양한 용도로 활용될 수 있습니다. 지불형 토큰은 법정화폐 대신에 재화나 서비스를 구매할 때 지불수단으로 사용이 가능합니다. 어떤 상품을 특정 토큰으로만 구매할 수 있도록 한다면 그 토큰은 지불형 토큰이 되는 것입니다.

이용형 토큰은 어떠한 서비스를 이용할 수 있는 권리가 부여된 코인을 말합니다. 예를 들어 어떤 OTT 업체가 자사가 서비스하는 드라마를 한정된 토큰으로만 볼 수 있도록 하는 경우입니다. 버스 승차 이용권과 버스 토큰과의 관계를 연상하면 됩니다.

증권형 토큰은 부동산, 예술품 등 부가가치를 창출하는 실물자산을 조각으로 나눠서 토큰화한 것, 즉 조각 투자의 가상자산화라고 이해하면 됩니다. 증권형 토큰은 실물자산에 대한 지분을 나눠 갖고 배당을 받을 수 있다는 점에서 다른 토큰과 차별성을 가집니다. 또한 증권형 토큰은 실물자산을 기반으로 해서 상대적으로 안정성이 돋보입니다.

용어 설명

토큰경제(Token Economy)
디지털 토큰을 매개로 구축된 경제 생태계. 특정 블록체인 서비스에 참여하는 모든 구성원들에게 기여도에 따라 암호화폐를 인센티브로 지급해 서비스가 지속적으로 발전할 수 있게 하는 경제 시스템을 말한다.

디지털 토큰의 장점

디지털 토큰은 잠재적 전 세계 시장 규모가 1200조달러에 달할 정도로 확대 일로에 있습니다.

투명성 디지털 토큰은 블록체인 네트워크에 올려집니다. 블록체인은 참여자에게 투명하게 공개되는 특성이 있으므로 위조나 변조가 불가능해 거래의 안정성을 도모할 수 있습니다.

유동화 자산을 디지털 토큰으로 만들면 해당 자산을 분할해 유동화시킬 수 있어 자산보유자와 투자자 모두 유동성 증대 편익을 누릴 수 있습니다.

저비용 블록체인 기반의 디지털 토큰은 거래 절차를 자동화할 수 있고 중개자 비용을 절감할 수 있습니다.

권리분할 자산을 덩어리로 거래하는 경우 거래가 활성화되기 어렵고 비용도 많이 듭니다. 가령 빌딩 소유주가 투자 수익을 얻고자 하는 경우 마땅한 임차인, 매수인을 찾기 어렵습니다. 소액투자자도 거래에 뛰어들기 어렵습니다. 빌딩을 토큰화하는 경우 소유자와 투자자 모두 분할지분을 취득할 수 있어 거래가 늘어나고 토큰 가격 상승으로 이익을 거둘 수도 있습니다.

토큰경제의 미래가치

토큰화는 아직 블록체인이라는 기술적 관점에서 주로 논의되고 있습니다. 디지털 토큰의 영향력이 훨씬 커진다면 보다 큰 범주에서 살펴볼 필요가 있습니다. 바로 토큰경제입니다. 디지털 토큰을 매개로 구축된 경제 생태계를 토큰경제라고 부릅니다. 토큰경제는 일종의 교환경제 시스템이라고 볼 수 있습니다.

디지털 토큰은 교환경제가 가지는 비효율성을 블록체인 기술이 가지는 투명성, 범용성, 탈중앙화적 속성으로 제거해 새로운 교환경제를 창출했습니다.

디지털 토큰은 토큰 고유의 현재가치와 미래가치가 가상자산 거래소나 탈중앙화거래소(DEX) 등에서 결정되도록 해 교환 비율 문제를 해소할 수 있습니다. 거래의 시간적·장소적 한계도 극복할 수 있죠.

A7

디지털 토큰은 교환경제가 가지는 비효율성을 블록체인 기술이 가지는 투명성, 범용성, 탈중앙화적 속성으로 제거해 새로운 교환경제를 창출했습니다. 디지털 토큰은 토큰 고유의 현재가치와 미래가치가 가상자산 거래소나 탈중앙화거래소(DEX) 등에서 결정되도록 해 교환 비율 문제를 해소할 수 있습니다. 거래의 시간적·장소적 한계도 극복할 수 있죠.

디지털 토큰의 활용

지불형 토큰
법정화폐 대신에 재화나 서비스를 구매할 때 지불수단으로 사용할 수 있다.

이용형 토큰
어떠한 서비스를 이용할 수 있는 권리가 부여된 코인이다.

증권형 토큰
부동산, 예술품 등 조각 투자의 가상자산화이다.

SECTION 2 Question

Q8 일반 투자자가 디지털 자산에 투자할 때 주의할 점은 무엇인가요?

디지털자산 투자에는 상당한 위험이 수반됩니다. 루나와 테라의 폭락 여파로 위험 자산으로 인식되는 비트코인 등 가상자산에 대한 투자 심리가 위축됐으며 인플레이션과 금리 인상 등으로 인한 전반적인 경기 침체가 가상자산 투자 심리를 더욱 위축시키고 있습니다.

신뢰할 수 있는 정보가 부족한 가상자산 시장

단적으로 코인 대장 종목인 비트코인만 봐도 2021년 11월 사상 최고치를 기록한 뒤 6개월 만에 55% 이상 하락했습니다. 전문가들은 추가 하락 위험성을 경고하고 있습니다. 가상자산 투자 역시 주식 투자와 같이 객관적인 정보에 바탕을 둬 신중하게 결정해야 합니다. 문제는 가상자산 관련 정보 중 객관적으로 진실한 것으로 신뢰할 수 있는 것이 무엇인지 알기 어렵다는 것입니다.

국내 한 유력 일간지는 루나와 테라가 거래소에 상장되던 2019년의 상장 평가보고서를 언급한 기사를 냈습니다. A 거래소의 평가보고서는 루나와 테라가 새로운 시도에 따른 위험이 있다고 언급했으나, B 거래소의 경우 위험성에 대한 언급은 아예 없었습니다. 이제서야 돌이켜보면 당시의 평가보고서가 잘못됐다고 할 수 있습니다. 최근 정부는 루나 사태와 관련해 국내 거래소들에 '스테이블코인 및 관련 가상자산에 대한 유의 사항'을 안내하도록 권고했습니다.

스테이블코인 및 관련 가상자산에 대한 유의 사항

가상자산은 법정화폐가 아니므로 특정 주체가 그 가치를 보장하지 않아 가치 변동에 대한 책임을 물을 수 없습니다. 365일 24시간 전 세계에서 거래되므로 시장의 수요 및 공급이 실시

A8

가상자산은 초고위험 상품으로 가상자산의 정보를 백서 또는 평가보고서 등을 통해 충분히 확인한 후에 신중한 투자 결정을 해야 합니다.
가상자산은 예금자보호법도 적용되지 않으므로 투자자가 오롯이 본인 책임하에서 거래할 수밖에 없습니다.

국내 가상자산 거래소에서 위험성을 경고한 암호화폐 목록

니어프로토콜(NEAR), 다이(DAI)
리저브라이트(RSR), 메이커(MKR)
스팀(STEEM), 스팀달러(SBD)
웨이브(WAVES), 테더(USDT)
트론(TRX), 트루USD(TUSD)
팍스달러(USDP), 하이브(HIVE)
하이브달러(HBD)

▼
1. "3년전, 테라·루나코인 상장심사 엉터리였다", 22.5.23, 조선일보

간으로 다양하게 전개되며, 나라별로 가상자산에 대한 정책, 법령 및 제도, 네트워크 상황 등에 따라 그 시세가 급격히 변동할 수 있습니다. 가격 변동 폭에 제한이 없으므로 원금손실 가능성이 있음을 유의해야 합니다. 가상자산은 초고위험 상품으로 투자자 자기 책임 원칙이 우선되는 만큼 투자하려는 가상자산의 정보를 백서 또는 평가보고서 등을 통해 충분히 확인한 후에 신중한 투자 결정하시기 바랍니다. 이러한 내용은 거래소 대부분이 유사한데 "가상자산은 아주 위험한 상품이므로 본인의 책임하에 거래"하라는 것입니다.

가상자산은 예금자보호법도 적용되지 않으므로 투자자가 오롯이 본인 책임하에서 거래할 수밖에 없습니다. 우리는 루나 사태를 통해 가상자산에 대한 장밋빛 투자 전망에 대해 다시 한 번 돌아볼 기회를 맞았습니다.

국내 거래소들은 이번 유의 사항 공지와 함께 현재 거래되고 있는 스테이블코인과 이에 연동된 가상통화 목록도 알리고 있습니다. 업비트는 니어프로토콜, 다이 등 13개를, 빗썸은 10개, 코인원은 11개, 코빗은 6개를 제시했습니다.

1주일 사이에 60조원이 증발할 수 있는 상황에서 이제는 전문가들도 투자를 권유하기는 어려울 것입니다. 그 어느 때보다 관심이 높은 가상자산에 대해 투자자 스스로 정보를 열심히 알아봐야 하고, 현명하고 신중한 투자 결정이 필요한 때입니다.

SECTION 2 Question

Q9 최근 정부가 가상자산을 다루는 방향은 무엇인가요?

2022년 4월까지 정부는 가상자산에 대해 크게 두 가지를 논의했습니다. 첫째는 가상자산이 해킹, 마약 범죄 등에 돈 대신 거래돼 얻은 불법 수익을 정상적으로 번 것처럼 탈바꿈하는 자금세탁을 막는 것이었습니다.

둘째는 가상자산 투자를 통해 얻은 이익에 대해 어떻게 세금을 부과할 수 있는지였습니다.

용어 설명

증권형 가상자산
특정 투자에 관련된 권리와 의무를 수반하며, 증권법상 주식 또는 채권에 해당되거나 투자 계약의 요건을 충족하는 가상자산을 말한다.

비증권형 가상자산
비증권형 코인의 종류에는 교환 코인과 유틸리티 코인이 있는데, 교환 코인은 유통·교환을 목적으로 발행된 가상자산으로 대표적으로는 비트코인이 있다. 유틸리티 코인은 네트워크상의 재화 또는 용역에 접근할 수 있게 하는 권한을 부여한 가상자산이다.

* 국내 암호화폐 거래소에서 사고 팔리는 수많은 코인들 가운데 증권형과 비증권형을 구분하는 금융당국 차원의 '가이드라인' 자체가 없기에 대략적인 정의일 뿐이다.

자료 자본시장연구원

거래소를 검사 또는 감독할 권한이 없는 정부

그러나 2022년 5월 국내 암호화폐인 루나와 테라의 폭락으로 투자자 보호 문제가 중요한 과제로 대두했습니다. 1주일 사이에 60조원이 사라졌습니다. 상당한 투자 손실을 본 투자자들의 글이 SNS에 심심치 않게 올라왔고, 인제 와서 돌이켜보니 엄청나게 위험한 투자였다며 후회하는 사람들이 부지기수였습니다.

이에 정부도 루나 사태와 관련해 긴급 점검에 들어갔습니다. 그러나 가상자산 거래를 민간의 자율에 맡겨 놓은 현재 상황에서 정부가 거래소에 자료를 요구하거나 검사 또는 감독할 권한은 없으므로 직접적인 조치를 할 수 없는 한계를 여실히 보여줬습니다.

디지털자산 기본법 제정 논의 급물살

새로 출범한 정부가 발표한 110대 국정과제에는 가상자산과 관련한 입법이 포함돼 있었는데 루나 사태와 맞물려 디지털자산 기본법 제정 논의가 급물살을 타게 됐습니다. 디지털자

윤창현 국민의힘 가상자산특별위원장이 국회 의원회관에서 '루나·테라 사태, 원인과 대책'을 주제로 열린 긴급세미나에서 발언을 하고 있다.

A9

디지털자산 기본법은 투자자가 안심하고 가상자산에 투자할 수 있는 환경을 만드는 것을 목표로 합니다. 해당 법령이 제정되면, 소비자 보호와 시장의 안정을 위해 NFT 등 디지털자산을 새로 발행하고 거래소에 상장할 때 필요한 사항 등을 정부가 규제하게 됩니다.

상위 8개(거래량 기준) 가상자산 거래소에서 상장 폐지를 당한 암호화폐 수

541개

※ 2017년 ~ 2022년 5월
자료 윤창현 국민의힘 의원실

산 기본법은 투자자가 안심하고 가상자산에 투자할 수 있는 환경을 만드는 것을 목표로 합니다. 해당 법령이 제정되면 소비자 보호와 시장의 안정을 위해 NFT 등 디지털자산을 새로 발행하고 거래소에 상장할 때 필요한 사항 등을 정부가 규제하게 됩니다.

가상자산은 그 실질 여부에 따라 '증권형'과 '비증권형'으로 구분됩니다. 증권형은 이미 투자자 보호장치가 있는 '자본시장과 금융투자업에 관한 법률'을 따를 수 있습니다. 비증권형 코인의 경우는 아직 규제 법령이 마련돼 있지 않으나 현재 제정이 논의되고 있는 디지털자산 기본법에 따라 관련 법규가 마련될 것으로 보입니다. 무엇보다 코인의 거래소 상장 또는 상장폐지와 관련한 절차 및 요건의 마련이 시급하다는 지적이 많습니다.

2022년 5월 23일에는 국민의힘 가상자산특별위원회와 당 정책위원회가 '루나·테라 사태, 원인과 대책'이라는 주제로 긴급 세미나를 개최했습니다. 윤창현 의원은 "루나·테라 외에도 불분명한 검증 절차를 거쳐 거래소 마음대로 코인을 발행·유통했다가 다시 불투명한 이유로 상장 폐지된 코인이 541개에 이른다"고 지적했습니다. 그러면서 "제2의 루나·테라 사태를 방지하고 600만명에 이르는 투자자를 보호하기 위해 당정은 정밀한 디지털자산 기본법 보안입법안으로 디지털자산 시장에 투자자와 개발자, 사업자 모두가 공감할 수 있는 수준의 규율과 정책이 정립될 수 있도록 적극적으로 나서겠다"고 말했습니다.

디지털자산 기본법의 제정과 관련한 논의 및 새 정부의 가상자산과 관련한 정책의 향후 전개에 주목할 필요가 있겠습니다.

SECTION 2 Question

Q10 디지털자산에 투자하면 금융상품을 거래할 때와 같은 보호를 받을 수 있나요?

디지털자산에 대한 명확한 개념 정의는 아직 없습니다. 관련 기술, 상품 등이 새롭게 등장하고 있기 때문입니다. 디지털자산 또는 디지털자산 관련 사업에 관한 규제 틀을 마련하기 위해 여러 법안이 국회에서 논의 중입니다.

디지털자산과 가상자산의 정의 비교

그중 '디지털자산 육성과 이용자 보호에 관한 법률안(발의일 2021년 7월 27일)'에서는 디지털자산을 "경제적 가치를 지닌 것으로서 전자적으로 거래 또는 이전될 수 있는 전자적 증표(그에 관한 일체의 권리를 포함한다)"라고 정의하고 있습니다. 그런데 가상자산 사업자에 대해 규율하고 있는 '특정 금융거래정보의 보고 및 이용 등에 관한 법률'(이하 특금법)에서 가상자산을 "경제적 가치를 지닌 것으로서 전자적으로 거래 또는 이전될 수 있는 전자적 증표(그에 관한 일체의 권리를 포함한다)"라고 정의합니다. 즉, 디지털자산과 가상자산의 정의에 별다른 차이가 없다고 할 수 있습니다.

쉽게 말해 금융상품은 금융회사가 판매하는 상품이라고 할 수 있습니다. '금융소비자 보호에 관한 법률(이하 금융소비자보호법)'에 구체적인 내용이 나와 있습니다. 금융소비자보호법에 따른 금융상품에는 은행법에 따른 예금 및 대출, '자본시장과 금융투자업에 관한 법률'에 따른 금융투자상품(예컨대 주식, 펀드, ETF, ELS), 보험업법에 따른 보험상품, 상호저축은행법에 따른 예금 및 대출, 여신전문금융업법에 따른 신용카드, 시설대여, 할부금융, '대부업 등의 등록 및 금융이용자 보호에 관한 법률'에 따른 대부(대출), 신용협동조합법에 따른 예탁금, 대출 및 공제, '온라인투자연계금융업 및 이용자

보호에 관한 법률'에 따른 연계 투자 및 연계 대출(소위 P2P 투자 및 대출) 등이 포함됩니다.

금융상품 거래 시 보호 장치

금융상품을 거래할 때의 보호 장치, 즉 금융소비자를 보호하는 장치는 크게 사전적인 것과 사후적인 것으로 나눌 수 있습니다. 사전적인 것으로 가장 강력하고 중요한 보호장치는 금융상품을 판매할 수 있는 자격을 제한하는 것입니다. 금융상품은 아무나 판매할 수 없고 정부(금융위원회)로부터 라이선스를 취득한 자만 판매할 수 있습니다. 소비자들이 금융상품 판매자의 라이선스 취득 여부를 혼동하지 않도록, 라이선스를 취득하지 못한 자는 '은행' '보험' 등과 같은 상호를 사용할 수 없습니다. 이를 어기고 금융상품을 판매하면 형사처벌을 받습니다. 또한 금융회사는 법에서 정한 일정한 금융상품만을 판매할 수 있고, 금융상품을 판매할 때 소비자의 상태, 성향 등을 파악해야 합니다. 중요한 사항을 소비자가 이해할 수 있도록 설명해야 하는 등 금융소비자의 권익을 침해하는 행위를 할 수 없도록 하는 등의 촘촘한 규제도 마련돼 있습니다. 더불어 금융상품에 대한 광고를 누가 어떤 내용으로 할 수 있는지 등에 대해서도 상세한 규제가 마련돼 있습니다. 금융상품을 판매한 후 사후적으로 발생할 수 있는 소비자 피해를 구제하기 위한 보호장치도 있습니다. 금융감독당국

이 운영하는 분쟁조정 제도의 경우 사안에 따라 금융회사가 엄중한 손해배상책임을 지도록 합니다. 이러한 규제에 더해 금융회사가 평소에 법령을 준수하는지 감독하도록 별도의 금융감독기구를 둬, 소비자 피해를 최소화하도록 합니다.

규제가 부재한 디지털자산 거래

디지털자산 거래의 경우 금융상품과 같은 세세한 규제가 아직 마련돼 있지 않습니다. 특금법에서 가상자산 사업자를 규제하고 있으나, 아직은 가상자산 거래와 관련된 자금세탁 방지에 초점을 맞추고 있습니다. 즉 디지털자산 거래와 관련해 디지털자산을 판매할 수 있는 자격, 판매할 수 있는 디지털자산의 범위, 판매할 때 지켜야 할 준칙, 사후적인 소비자 피해 구제 장치 등은 구체적으로 마련돼 있지는 않습니다.

디지털자산 거래와 관련된 제도 마련을 위해 여러 논의가 진행 중입니다. 무엇보다 중요한 것은 디지털자산 거래를 규율하는 법률을 만들어 디지털자산 거래에서도 금융상품 거래와 같은 소비자 보호 장치가 마련되는 것입니다.

A10

디지털자산 거래와 관련해 디지털자산을 판매할 수 있는 자격, 판매할 수 있는 디지털자산의 범위, 판매할 때 지켜야 할 준칙, 사후적인 소비자 피해 구제 장치 등은 구체적으로 마련돼 있지 않습니다.

국내 가상자산 시장 규모
55조 2000억원

국내 가상자산 하루 평균 거래액
11조 3000억원

※ 2021년 12월 말 기준
자료 금융정보분석원(FIU)

SECTION 2　Question

Q11 가상자산으로 편의점 또는 온라인에서 물품을 살 수 있나요?

가상자산이 처음 등장했을 때 '암호화폐'라는 명칭으로 알려진 것에서 짐작할 수 있듯이, 많은 사람이 가상자산이 화폐와 같이 편의점이나 온라인에서 물품을 구매할 수 있기를 바랐습니다.

해외에는 가상자산 지급결제 스타트업이 생기는 등 가상자산을 지급결제 수단으로 받아들이는 사업체들이 상당수 있습니다. 따라서 온라인 소매업체, 호텔, 귀금속, 앱 등에서 가상자산을 사용해 물품 등을 구매할 수 있습니다.

물품을 구매하는 데 가상자산 사용되지 않는 이유

국내에선 편의점이나 온라인에서 물품을 구매하고 가상자산으로 결제하는 것을 금지하는 법률은 없습니다. 그런데 물품이나 서비스 제공에 대한 대가로 가상자산을 받는 것이 사실상 쉽지 않습니다. 무엇보다 가상자산의 가격 변동 폭이 큽니다. 또 가상자산으로 취득한 소득에 대한 회계와 세무 등 관련 기준이 명확하게 확립돼 있지 않습니다. 가상자산으로 물품 구매를 금지하는 법률이 없음에도 가격 변동성과 회계 및 세무 기준 미비 등 현실적 이유로 인해 가상자산이 물품을 구매하는 데 사용되지 않고 있는 것입니다.

페이코인으로 물품 구매하기

최근에 가상자산인 페이코인을 발행하는 페이프로토콜과 모회사인 다날이 편의점 등에서 물품 등을 구매하는데 가상자산인 페이코인을 사용할 수 있는 사업구조를 운영했습니다. 페이프로토콜과 다날이 운영하는 구체적인 사업구조를 살펴보면 외형상 고객이 보유한 페이코인으로 편의점에

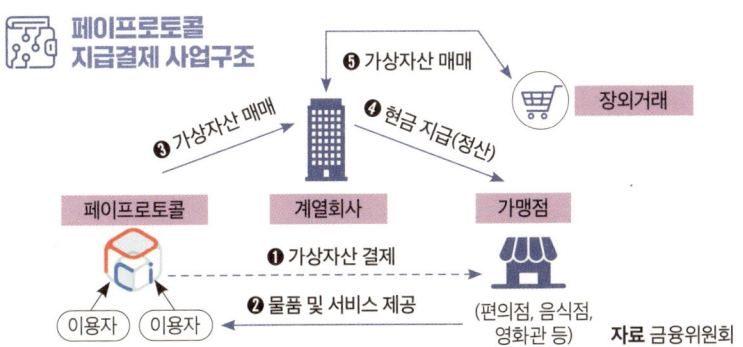

A11

편의점이나 온라인에서 물품을 구매하고 가상자산으로 결제하는 것을 금지하는 법률은 없습니다. 하지만 가격변동성과 회계 및 세무 기준 미비 등 현실적 이유로 인해 가상자산이 물품을 구매하는 데 사용되지 않고 있는 것입니다. 이에 여러 사업자가 가상자산을 활용한 다양한 지급결제 사업모델을 모색 중입니다.

서 물품 등을 구매하면서 결제를 하는 것처럼 보입니다. 실질적으로는 전자지급결제대행업자(PG사)인 모회사 다날이 가맹점에서 결제에 사용한 페이코인을 고객으로부터 전달받아 장외거래를 통해 매도해 현금을 확보한 후 가맹점에 현금으로 지급해주는 구조입니다. 정확하게 말하면 가상자산인 페이코인을 매도한 금액으로 물품 등을 구매하는 것이죠.

페이코인에 제동을 건 FIU의 규제

규제당국인 금융정보분석원(FIU)은 위와 같은 사업구조에 대해 '가상자산 지갑 사업자로 등록을 완료한 페이프로토콜뿐만 아니라 계열회사들도 결제에 사용된 가상자산을 유통 과정에서 매도·매수하는 형태를 보이고 있으므로 신고가 필요한 가상자산 사업자에 해당한다'는 견해를 밝혔습니다. 페이프로토콜뿐만 아니라 지급결제 사업구조에 참여하는 다날 역시 가상자산 사업자로 신고를 완료해야 합니다. 이는 가상자산인 페이코인이 실질적으로 네이버페이나 카카오페이와 같은 선불전자지급수단의 기능을 하고 있음에도 이용자 보호와 관련해 아무런 규제를 받지 않게 되는 것을 우려했기 때문으로 보입니다. 네이버페이나 카카오페이는 전자금융거래법 등을 통해 이용자 보호 장치와 관련한 규제를 받고 있습니다. 실제로 페이프로토콜 및 관계사가 페이코인의 발행, 유통, 가맹점 정산의 전 과정을 담당합니다. 이 때문에 그 과정에서 페이코인의 발행 또는 유통 물량을 인위적으로 늘리면 시세가 폭락하게 되고, 고객인 페이코인 보유자가 큰 피해를 보게 될 가능성도 있습니다.

비록 페이코인과 관련한 사업구조가 금융정보분석원(FIU)에 의해 일부 제동이 걸린 상황이지만, 여러 사업자가 가상자산을 활용한 다양한 지급결제 사업모델을 모색하고 있는 만큼 조만간 가상자산을 활용한 보다 합리적이고 안정적인 지급결제가 이뤄질 것으로 보입니다.

SECTION 2 Question

Q12 국내와 해외의 가상자산 차익거래는 어떻게 할 수 있나요?

차익거래란 서로 다른 두 개 이상의 시장에서 형성된 가격의 차이를 활용해 수익을 내는 방식을 말합니다. 가상자산을 거래하는 국내와 국외 거래소는 각각의 가상자산별 가격이 다른 경우가 많습니다. 국내 가상자산 거래소만 봐도 같은 비트코인 가격이 거래소에 따라 다르다는 것을 쉽게 확인할 수 있습니다. 이 경우 가격이 낮게 형성된 가상자산 거래소에서 해당 가상자산을 매수한 뒤 이를 가격이 높게 형성된 다른 거래소에서 매도하면 가격 차이만큼의 수익을 올릴 수 있습니다.

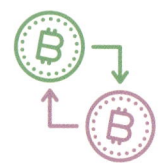

용어 설명 차익거래
동일한 상품에 대해 두 시장에서 서로 가격이 다른 경우 가격이 저렴한 시장에서 그 상품을 매입하고 가격이 비싼 시장에서는 그 상품을 매도해 이익을 얻고자 하는 거래로, 재정거래라고도 한다. 차익거래에서는 매입가격과 매도가격이 이미 결정돼 가격변동 위험에 노출되지 않는다.

가상자산의 국내 거래 수요가 많은 시점에는 국내 가상자산 가격이 해외보다 높게 형성되는 경우가 있습니다. 이때 해외 거래소에서 낮은 가격으로 가상자산을 매수해 국내 거래소에서 매도함으로써 수익을 올리는 거래를 생각해 볼 수 있습니다. 이때 일련의 과정이 가격 차이가 해소되기 전에 신속히 이뤄져야 합니다.

가상자산 거래를 위한 외국환 송금 제한

우선 해외 가상자산 거래소에서 가상자산을 매수하기 위해서는 해외에서 통용되는 통화, 예컨대 달러가 있어야 하고 송금이 가능해야 합니다. 그러나 가상자산 거래를 위한 달러 등 외국환의 송금은 현재 허용되지 않습니다. 가상자산이 재화인지, 금융투자상품인지 등 그 법적 성격이 명확하게 정립돼 있지 않기 때문에 가상자산의 매수를 위한 거래가 경상거래인지, 자본거래인지가 분명하지 않고 정부 당국도 현재까지 이에 관한 명확한 입장을 밝히고 있지 않습니다.

따라서 국내와 해외의 가상자산 차익거래를 위한 첫 단계부터 난관에 부딪히게 됩니다. 해외에서 사용할 수 있는 신용카드를 이용해 해외에서 가상자산을 매수하고 이를 국내에서 매도하는 차익거래를 한 사례가 있었는데, 현재는 해외에서 사용할 수 있는 신용카드라도 가상자산을 매수하는 용도로는 사용할 수 없도록 제한했습니다.

가상자산 이전 지연으로 차익거래 기회 상실

만약 해외에 거주하거나 왕래를 자주 하는 특수한 사정으로 인해 해외에 계좌가 있고 그 계좌에 달러 등 외국환이 있는 경우라면 차익거래를 시도해 볼 수 있습니다. 그러나 이 경우에도 해외 가상자산 거래소에서 가상자산을 매수한 다음 국내 가상자산 거래소로 이전하는 과정에서 가상자산 출금과 가상자산 입금이 실시간으로 이뤄지지 않으며, 그 과정에서 여러 수수료가 발생합니다.

특히 해외 가상자산 거래소에서 국내 가상자산 거래소로의 가상자산 이전이 지체되는 과정에서 가상자산의 가격이 변동돼 차익이 줄어들거나 없어지고 심지어 역전되는 상황에 이른다면 차익거래로 이익을 얻을 수 없게 됩니다. 차익이 발생하더라도 가상자산의 이전을 위한 여러 수수료가 차익을 초과한다면 오히려 확정적 손실을 얻게 되는 곤란한 상황에 부닥칠 수도 있습니다.

이처럼 원화, 달러 등 통화가 개입되는 차익거래의 경우 외국환의 송금 제한, 가상자산 이전 지연에 따른 차익거래 기회의 상실로 인해 현실적으로 이익을 얻을 수 있는 거래라고 보기는 어려운 측면이 있습니다. 그렇다면 원화, 달러 등 통화가 개입되지 않은 차익거래의 경우는 어떨까요? 원화, 달러를 대신하는 다른 가상자산이 한 번 더 개입되므로, 차익거래의 대상이 되는 가상자산의 가격 변동 위험성까지 고려해야 합니다.

국내와 해외 가상자산 거래소의 가상자산 가격 차이를 이용한 차익거래는 이와 같은 현실적인 어려움이 있습니다. 다만, 해외 가상자산 거래소에서는 레버리지 거래, 선물거래, 옵션거래 등 다양한 형태의 가상자산 상품이 거래되고 있습니다. 이를 활용해 차익거래가 이뤄질 수 있으나 상당한 위험을 감수해야 하므로 통상적인 무위험 차익거래라고 보기는 어렵습니다.

A12

해외 가상자산 거래소에서 가상자산을 매수하기 위해서는 해외에서 통용되는 통화, 예컨대 달러가 있어야 하고 송금이 가능해야 합니다. 그러나 가상자산 거래를 위한 달러 등 외국환의 송금은 현재 허용되지 않습니다. 따라서 국내와 해외의 가상자산 차익거래를 위한 첫 단계부터 난관에 부딪히게 됩니다.

가상자산을 이용한 환치기 등 외국환거래법 위반으로 적발된 액수

8122억원

※ 2021년 8월 기준

자료 관세청

SECTION 2 Question

Q13 외화 송금을 가상자산으로 대신하는 것은 법률위반인가요?

외화 송금을 해본 사람들은 외화 송금을 위해 은행에 다양한 서류를 제출한 경험이 있을 것입니다. 특히 해외 유학 중인 가족이 있는 경우 유학에 필요한 경비를 송금하기 위해서는 유학 중인 사실을 증빙하는 서류 등을 요청 받기도 합니다. 외화 송금에 관한 사항을 규율하는 현행 법률로는 외국환거래법이 있습니다.

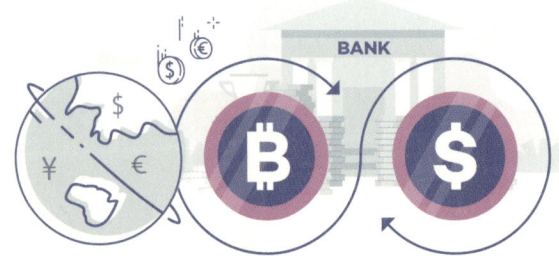

용어 설명

외국환거래법
해외 송금액이 건당 5000달러, 연간 5만달러를 초과하는 경우 거래 사유와 금액에 대한 증빙서류를 제출해야 한다. 다만, 연간 5만달러 이상의 해외 송금에 대해서는 해외 유학 자금 등 거래 내용이 미리 입증 가능하면 증빙서류 등을 면제해준다. 이 같은 지급 절차 위반 시 '100만원'과 '위반금액의 2%' 중 큰 금액이 과태료로 부과된다.

외국환거래법은 외화 송금의 원인이 되는 거래를 경상거래와 자본거래로 나누어 규율합니다. 경상거래는 통상적인 재화나 용역, 쉽게 말해서 물품을 수출입하는 과정에서 수출입 대금을 지급하거나 지급받는 거래를 말하고, 자본거래는 해외 주식 투자, 해외 기업 투자, 해외 펀드 등 금융투자상품 투자, 대출, 담보 제공 등의 거래를 의미합니다. 경상거래의 경우 대금 지급의 원인이 되는 수출입 거래 계약 서류를 은행에 제시하면 외화 송금이 가능하고, 자본거래의 경우에는 별도 신고가 필요 없거나 은행에 신고만 하면 되는 경우부터 한국은행에 신고를 거쳐야 하는 거래까지 그 절차가 매우 다양합니다.

외화 송금을 가상자산으로 대신하기

이러한 복잡한 절차 없이 가상자산으로 대신 보내는 것은 가능할까요? 결론부터 말하면 거래당사자 간 약정이나 계약이 있다면 외화 송금을 대신해 가상자산을 지급할 수 있습니다. 예컨대, 한국 기업이 미국 기업으로부터 100억원 상당의 노트북을 구입하면서 노트북 대금을 달러가 아닌 가상자산으로 지급할 수 있습니다. 또한 한국 기업이 해외 금융회사로부터 달러를 빌리는 것에 대신해 가상자산을 빌리는 방법으로 자금을 조달할 수도 있습니다. 가상자산으로 송금하는 것은 외국환거래 법령에서 정하는 번거로운 절차를 거치지 않아도 돼 오히려 손쉬운 방법일 수도 있습니다.

가상자산 대금의 위험요소

그러나 노트북 수입대금을 가상자산으로 대신 보내는 경우에 만약 미국 기업이 노트북이 아닌 돌덩어리를 박스에 넣어 보내더라도 이미 가상자산을 보낸 이후라면 가상자산을 다시 돌려받지 못하는 위험에 처할 수 있습니다. 수입대금을 외화로 보내는 경우 신용장 등 현재 제도권 금융에서 이용되는 여러 가지 안전장치를 활용할 수 있는 것과 비교하면 상당한 위험을 감수해야 합니다. 또한 가상자산을 보내기 위해서는 가상자산을 확보해야 하는데, 국내 가상자산 거래소에서는 법인의 거래를 제한하고 있어서 가상자산을 국내 가상자산 거래소에서 매수해 확보하는 것부터 상당한 어려움이 있습니다.

무엇보다 가상자산은 가격 변동이 매우 심해 가상자산을 확보한 시점과 가상자산을 수입대금으로 보내는 시점 사이에 발생하는 가격 변동의 위험에도 노출됩니다. 물론 외화도 환율변동의 위험이 있으나 가상자산의 가격 변동의 폭과 비교할 수 있는 수준이 아니며, 가상자산이 위험의 정도가 훨씬 크다고 볼 수 있습니다. 더욱이 기업은 가상자산을 수입대금으로 보내거나 가상자산을 수출대금을 받는 경우 이를 회계적으로 어떻게 처리할 것인지, 세금은 어떻게 부과되는지 등 또 다른 다양한 난제에 직면하게 됩니다.

이처럼 가상자산으로 외화 송금을 대신하는 것은 외국환거래 법령에 따른 절차를 거치지 않아도 되는 편리함이 있는 대신 앞서 설명한 다양한 위험과 어려움이 있습니다.

다만 개인 간에 가상자산을 활용하는 것은 기업 간 거래에서 발생하는 여러 문제를 해결할 필요가 없으므로 외국환거래 법령에 따른 번거로운 절차 없이 외화 송금을 대체하는 방안이 될 수 있습니다.

그렇다면 외화 송금을 가상자산으로 대신해주는 것을 사업으로 영위하고 일정한 수수료를 수취하는 것도 생각해 볼 수 있습니다. 즉, 국내 거주자로부터 원화 1200원을 받아 국외 거주자에게 1달러를 지급하는 것을 의뢰받고, 가상자산을 활용해 송금 업무를 실행하고 일정한 수수료를 지급받는 사업이 가능할까요?

이러한 사업은 가상자산을 활용했다는 점을 제외하고는 원화를 해외에 달러로 송금하는 것으로 외국환 업무를 업으로 하는 상황에 해당합니다. 따라서 외국환거래 법령에 따른 등록을 하지 않았다면 무등록 외국환 업무를 한 것에 해당해 형사처벌을 받게 됩니다. 소위 말하는 '환치기'가 이를 일컫는 말입니다.

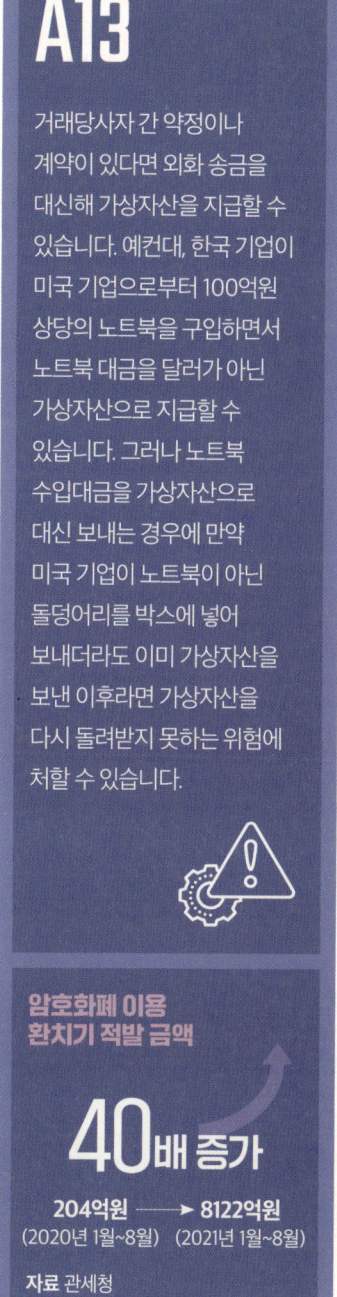

A13

거래당사자 간 약정이나 계약이 있다면 외화 송금을 대신해 가상자산을 지급할 수 있습니다. 예컨대, 한국 기업이 미국 기업으로부터 100억원 상당의 노트북을 구입하면서 노트북 대금을 달러가 아닌 가상자산으로 지급할 수 있습니다. 그러나 노트북 수입대금을 가상자산으로 대신 보내는 경우에 만약 미국 기업이 노트북이 아닌 돌덩어리를 박스에 넣어 보내더라도 이미 가상자산을 보낸 이후라면 가상자산을 다시 돌려받지 못하는 위험에 처할 수 있습니다.

암호화폐 이용 환치기 적발 금액

40배 증가

204억원 → 8122억원
(2020년 1월~8월) (2021년 1월~8월)

자료 관세청

SECTION 2　Question

Q14 가상자산을 이용한 자금세탁 어떻게 막을 수 있나요?

'자금세탁행위'란 쉽게 말하면 마약 밀매, 무기 밀수, 뇌물, 성매매 등 범죄로 얻은 수익을 여러 수단을 써서 합법적인 돈으로 바꾸는 것이라고 할 수 있습니다. 금융연구원 보고서에서는 블록체인 분석 업체인 체이널리시스(Chainalysis)의 자료를 인용해 2021년 가상자산을 통한 자금세탁 규모는 약 86억달러로 추정하고, 2020년 66억달러에 비해 약 30% 증가했다고 밝혔습니다.

용어 설명

트래블룰
가상자산을 이용한 자금세탁 방지 등을 위해 가상자산 사업자가 고객의 요청에 따라 가상자산을 다른 가상자산 사업자에게 이전하는 경우 가상자산의 이전과 함께 송수신 인의 관련 정보를 의무적으로 제공하도록 하는 제도.

자금세탁 방지를 위한 가상자산 업계의 노력
가상자산 거래소들은 자금세탁을 방지하기 위해 전문인력을 대폭 확충하고, 이상 거래탐지시스템(Fraud Detection System)을 도입하는 등의 노력을 기울이고 있다. 언론보도에 따르면 2021년 말 4대 거래소의 가상자산 전문인력은 33명에 불과했으나 2022년 3월 말 81명으로 늘어났다. 현재는 가상자산을 이용한 자금세탁을 방지하기 위한 기본 토대는 마련됐다고 할 수 있다.

'특정 금융거래정보의 보고 및 이용 등에 관한 법률'(이하 특금법)에서는 자금세탁행위를 범죄수익(중대범죄로 생긴 재산 등)의 취득 또는 처분에 관한 사실을 가장하는 행위, 범죄수익의 발생 원인에 관한 사실을 가장하는 행위, 마약류 범죄의 발견 또는 불법 수익 등의 출처에 관한 수사를 방해하거나 불법 수익 등의 몰수를 회피할 목적으로 불법 수익 등의 성질, 소재, 출처 또는 귀속 관계를 숨기거나 가장하는 행위, 조세를 탈루할 목적으로 재산의 취득·처분 또는 발생 원인에 관한 사실을 가장하거나 그 재산을 은닉하는 행위 등으로 규정하고 있습니다.

가상자산을 이용한 자금세탁 현황

가상자산 시장의 확대에 따라 가상자산을 통한 자금세탁 규모 또한 점차 증가하고 있으나 가상자산 거래 규모 대비 자금세탁 규모는 약 1% 미만에 머물고 있다고 합니다. 또한 법정화폐를 매개로 한 전통적 자금세탁 규모가 약 8000억~2조달러로 추산돼 글로벌 GDP의 2~5%를 차지한다는 점에 비춰볼 때 가상자산시장에서의 자금세탁 의심 거래는 아직 초기 단계라고 할 수 있습니다.

하지만 적절한 방지대책이 수립되지 않을 경우 향후 그 규모가 더욱 빠르게 증가할 가능성이 있다고 합니다. 또한 체이널리시스에서 집계한 자금

세탁 의심 거래 통계는 주로 온라인 네트워크상에서 이뤄진 자금 은닉 사례 위주입니다. 오프라인상의 불법 자금을 가상자산 거래소로 이전한 경우 등은 파악이 어려운 경우가 많아 실제 자금세탁 거래 규모가 과소 계상될 가능성이 있습니다.

가상자산 관련 자금세탁 방지 체계

자금세탁 방지 관련 국제기구인 FATF(Financial Action Task Force)가 1989년 설립된 이후, 자금세탁 방지 관련 국제적인 기준(규범)을 마련해 왔습니다. FATF는 2019년 6월 총회에서 가상자산에 대한 국제기준 및 공개 성명서를 채택하고, 회원국에 준수 의무를 부과했습니다. 2009년 10월 FATF의 회원국으로 가입한 우리나라에서도 FATF 기준에 맞춰 가상자산을 통한 자금세탁을 방지하기 위해 특금법 개정을 추진했고, 특금법 개정안이 2020년 3월 국회를 통과했습니다. 특금법에서 마련하고 있는 가상자산 관련 자금세탁 방지 체계 주요 내용은 다음과 같습니다.

가상자산 사업자는 상호 및 대표자의 성명, 사업장의 소재지, 연락처 등을 금융정보분석원장에게 신고해야 하며 이를 위반한 경우에 처벌받습니다. 또한 가상자산 사업자는 불법 재산으로 의심되는 거래나 고액 현금거래에 관한 보고 의무 등을 위해 고객별 거래내용을 분리해 관리하는 등의 조치를 해야 합니다. 금융회사 등은 고객이 가상자산 사업자인 경우에는 신고 의무 이행 여부 등을 추가로 확인해야 하고, 신고 의무를 이행하지 아니한 사실이 확인된 경우 등에는 계좌 개설 등 해당 고객과의 신규 거래를 거절하고, 이미 거래관계가 수립돼 있는 경우에는 해당 거래를 종료해야 합니다. 이에 더해 2022년 3월 25일부터는 '트래블룰'이 세계 최초로 시행됐습니다. 트래블룰 시행을 통해 가상자산 관련 거래가 보다 투명해질 것으로 기대되고 있습니다.

A14

가상자산 사업자는 상호 및 대표자의 성명, 사업장의 소재지, 연락처 등을 금융정보분석원장에게 신고해야 하며 이를 위반한 경우에 처벌받습니다. 또한 가상자산 사업자는 불법 재산으로 의심되는 거래나 고액 현금거래에 관한 보고 의무 등을 위해 고객별 거래내용을 분리해 관리하는 등의 조치를 해야 합니다. 이에 더해 2022년 3월 25일부터는 '트래블룰'이 세계 최초로 시행됐습니다.

Travel rule

가상자산을 통한 자금세탁 규모

30% 증가

66억달러 → 86억달러
2020년   2021년

1. 탈중앙화 금융 관련 자금세탁 예방을 위한 향후 과제, 금융브리프 31권 8호

SECTION 2 Question

Q15 암호화폐 다단계 사기를 피하려면

루나·테라 폭락 사태에 암호화폐 시장이 휘청이고 있습니다. 알고리즘 기반 스테이블코인이라는 생경한 단어가 이제는 생활용어가 돼버렸습니다. 하루아침에 10만원이 1원이 되는 매직. 피해자들은 루나·테라가 알고리즘상 설계 오류 및 하자에 관해 제대로 고지하지 않았고, 고지와 달리 코인의 발행량을 무제한으로 확대해 피해자들을 기만했으며 신규투자가 계속 이뤄져야 시스템이 돌아가는 소위 '폰지 사기'라고 주장하고 있습니다.

용어 설명

스테이블코인

가격 변동성을 최소화하도록 설계된 암호화폐. 미국 달러나 유로화 등 법정 화폐와 1대 1로 가치가 고정돼 있는데, 보통 1코인이 1달러의 가치를 갖도록 설계된다. 다른 암호화폐와 달리 변동성이 낮아 암호화폐 거래나 탈중앙화 금융인 디파이 같은 암호화폐 기반 금융상품에 이용된다.

가장 납득이 안 되는 부분은 투자자에게 내세운 '20%이자 지급' 조건입니다. 개발사는 디파이 상품인 '앵커 프로토콜'을 출시해 투자자가 테라를 예치하면 연 20%의 이자를 준다고 홍보했는데 이는 무한대의 자본을 보유하고 있지 않은 한 불가능한 조건이라는 겁니다. 지나고 보니 말도 안 되는 조건인데 왜 그때는 몰랐을까요.

늘어가는 암호화폐 다단계 사기

경찰청에 의하면 2021년 가상자산 관련 범죄 중 가상자산을 빙자한 유사수신·다단계 사기가 가장 큰 비율을 차지했습니다. 가상자산 거래소나 코인에 투자하면 원금을 초과하는 수익을 주겠다고 약정하는 것이 대표적인 범행 수법인데 해마다 피해자가 늘고 있습니다.

'유사수신행위의 규제에 관한 법률' 제3조는 유사수신행위를 금지하면서 제2조제1호에서 '장래에 출자금의 전액 또는 이를 초과하는 금액을 지급할 것을 약정하고 출자금을 받는 행위'를 유사수신행위의 하나로 규정하고 있습니다. '출자금'이란 실질적으로 상품의 거래가 매개된 자금의 수입이 아니라 상품의 거래를 가장하거나 빙자한 것일 뿐 사실상 금전의 거래라고 볼 수 있는 경우를 의미합니다(대법원 2007.1.25. 선고 2006도7470 판결 등 참조). 실질적으로는 금전거래를 하면서 마치 코인 매매를 하는 것 같은 형식을 취하는 경우가 이에 해당합니다.

이러한 불법 영업 방식은 주로 다단계 판매조직을 통해 이뤄지고 있는데 '방문판매 등에 관한 법률'은 누구든지 등록 없이 다단계 판매조직을 관리 또는 운영하는 행위를 금지하고 있습니다.

암호화폐 다단계 사기의 미끼

실제 유사 수신·다단계 사기 행위로 처벌받은 사례를 보면 빠지지 않는 두 가지 조건이 있습니다. 첫째는 원금 보장 약정이고 둘째는 이자 또는 배당금 지급 약정입니다. 1계좌당 100만원을 투자하면 해외 상장된 코인을 지급하고 원하는 경우 투자금 전액을 반환할 뿐만 아니라 매년 투자금의 10% 이상을 이자로 지급한다는 식입니다. 이러한 조건으로 투자를 권유받았다면 예외 없이 불법 영업으로 봐도 무방합니다.

불법 영업이든 아니든 실제로 원금을 보장하고 이자를 지급받을 수 있다면 상관없지 않냐고 할 수도 있지만 그런 일은 현실에 존재하지 않습니다. 피해가 현실화하는 시기, 규모의 차이일 뿐 결국 투자자는 피해를 볼 수밖에 없는 구조입니다.

그래도 투자하고 싶다면 추가로 한 가지를 더 확인할 필요는 있습니다. 적절한 수익 모델이 존재하는지 여부입니다. 신규 투자자의 투자금으로 기존 투자자의 수익을 충당하는 소위 다단계 금융사기가 아니라면 독자적으로 수익을 창출하는 비즈니스 활동이 존재해야 합니다. 암호화폐의 미래 가치는 그 누구도 예측할 수 없습니다. 어느 정도 안정화됐다고 하는 비트코인이나 이더리움도 마찬가지입니다. 그런데 암호화폐의 미래 가치를 상정하고 암호화폐 거래를 통해 시세차익 외에 별도의 이득을 줄 수 있다고 장담하는 것은 좋게 해석하더라도 자신들의 희망 사항일 뿐입니다.

즉, 암호화폐 다단계 사기에 당하고 싶지 않다면 세 가지를 명심해야 합니다. 첫째, 세상에 원금을 보장해주는 투자는 없다. 둘째, 암호화폐 투자금에 정해진 이자를 보장해 줄 수는 없다. 셋째, 가장 중요한 항목입니다. 그렇게 고수익을 창출할 수 있는 암호화폐라면 남한테 팔 리가 없다.

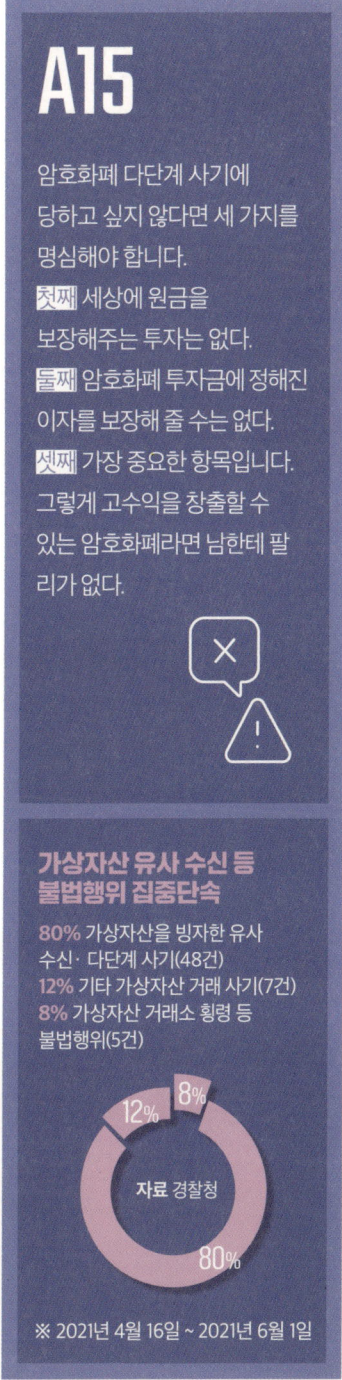

A15

암호화폐 다단계 사기에 당하고 싶지 않다면 세 가지를 명심해야 합니다. 첫째 세상에 원금을 보장해주는 투자는 없다. 둘째 암호화폐 투자금에 정해진 이자를 보장해 줄 수는 없다. 셋째 가장 중요한 항목입니다. 그렇게 고수익을 창출할 수 있는 암호화폐라면 남한테 팔 리가 없다.

가상자산 유사 수신 등 불법행위 집중단속

80% 가상자산을 빙자한 유사 수신·다단계 사기(48건)
12% 기타 가상자산 거래 사기(7건)
8% 가상자산 거래소 횡령 등 불법행위(5건)

자료 경찰청

※ 2021년 4월 16일 ~ 2021년 6월 1일

SECTION 2 Question

Q16 거래소에 보관 중인 암호화폐가 해킹 당했다면 돌려받을 수 있나요?

국내 거래소 중 점유율이 가장 높은 업비트의 이용약관을 참고하면, 업비트의 회원은 업비트와 업비트가 제공하는 '디지털 자산 거래 서비스 및 이와 관련된 제반 서비스'에 관한 이용계약을 체결한 것으로 볼 수 있습니다. 이 계약에 따라 업비트는 회원에게 ① 계속적이고 안정적인 서비스를 제공하기 위해 노력해야 하고 ② 회사의 고의 또는 과실로 인해 회원의 계정 정보가 분실, 도용돼 회원에게 발생한 손해에 대한 책임을 져야 하며 ③ 약관을 위반해 회원에게 손해를 입힌 경우 그 손해를 배상할 책임이 있습니다.

이용약관에 따른 거래소의 배상 책임

이용약관에서는 회사가 보관 중인 회원의 암호화폐가 해킹됐을 때의 손해 배상에 대해서 직접 언급하고 있지 않습니다. 하지만 업비트가 위 서비스를 제공하고 회원이 해당 서비스를 이용하기 위해서는 회원의 원화나 암호화폐가 업비트에 보관돼야 한다는 점 등을 고려하면, 업비트는 '선량한 관리자의 주의 의무로서 보관 중인 회원의 암호화폐를 관리해야 합니다. 만약 업비트와 같은 거래소에 해킹이 발생해 거래소 내 회원 지갑에 보관 중이던 암호화폐가 제3자에게 임의로 출금됐다면, 회원은 암호화폐 거래소를 상대로 해킹으로 출금된 암호화폐 또는 그에 상응하는 금전에 대한 손해배상을 청구할 수 있습니다. 빗썸을 비롯한 다른 암호화폐 거래소 역시 유사한 약관을 가지고 있으므로 원칙적으로 회원은 해킹을 통해 탈취당한 암호화폐를 거래소로부터 돌려받을 수 있습니다. 최근 서울중앙지방법원에서도 해킹으로 인해 회원들의 지갑에서 암호화폐

용어 설명

콜드월렛
인터넷에 연결되지 않는 물리적으로 분리된 공간에 존재한다. 이동식저장장치(USB), 외장하드 등 네트워크와 차단된 하드웨어에 암호화폐를 보관한다. 이 방식은 개인 키를 서명하는 과정 등이 모두 오프라인 상태에서 이뤄져 해킹 위험이 적다. 다만 암호화폐를 전송할 때마다 콜드월렛에서 핫월렛으로 자산을 이동시키는 절차를 거쳐야 한다.

가 유출된 사고가 발생한 사안에서 ① 거래소와 회원 사이의 이용 계약은 민법상 임치계약과 유사한 형태이고 ② 암호화폐의 입출금은 암호화폐의 거래에 당연히 수반되는 것으로서, 이는 거래소가 회원에게 제공하기로 한 서비스에 당연히 포함된다는 이유로 거래소는 회원에게 탈취된 암호화폐를 인도하거나 그에 상응하는 금액을 지급해야 한다고 판단했습니다.

개인 과실에 의한 해킹 발생

다만 업비트, 빗썸과 같이 대형 거래소들은 높은 수준의 보안시스템을 구축하고 있고, 회원들의 암호화폐 중 높은 비율을 콜드월렛에 보관 중이므로 거래소 자체가 해킹당하는 경우는 흔하지 않습니다. 많은 경우 거래소의 해킹이 아니라 회원 자신이 아이디 및 비밀번호를 제대로 관리하지 못했거나, 다른 사이트와 동일한 아이디 및 비밀번호를 사용하던 중 다른 사이트의 개인정보가 유출되는 등의 이유로 암호화폐 출금에 필요한 정보가 넘겨져 암호화폐 탈취가 일어나게 됩니다. 이 경우에는 암호화폐의 탈취 과정에 거래소의 과실이 있는지에 따라 거래소의 배상책임이 인정될지 여부가 달라질 수 있습니다. 해커들은 로그인이 될 때까지 비밀번호 등을 임의로 변경하면서 로그인을 시도하게 됩니다. 이를 사전대입 공격(Dictionary attack)이라고 하는데, 만약 거래소의 보안시스템이 부실해 이를 제대로 방어하지 못했다면 거래소에도 일부 책임이 인정될 가능성이 있습니다. 물론 더 큰 책임은 로그인 정보 유출의 1차 원인 제공자가 부담하게 될 것입니다.

거래소별 책임 제한 규정

거래소의 이용약관에서도 이러한 점을 고려해 책임 제한 규정을 두고 있습니다. 업비트의 경우 거래소의 고의·과실이 없는 경우에는 약관을 위반해 회원에게 손해가 발생하더라도 배상책임이 없다는 점, 거래소가 정보보안 대책, 보안사고 대응 방안 및 법률에서 정한 준수사항 등을 준수하기 위해 필요한 관리자의 주의 의무를 다한 경우에는 서비스에 장애 내지 오류가 발생하더라도 회원에 대해 책임지지 않는다는 점을 약관에서 규정하고 있습니다. 빗썸은 회원에게 아이디와 비밀번호 관리에 대한 의무를 부과하는 조항을 별도로 규정하고 있습니다. 여기에서는 거래소의 고의·과실이 없다면 아이디 및 비밀번호의 관리 소홀, 부정 사용으로 인해 발생하는 모든 결과에 대한 책임은 회원에게 있다는 점을 분명히 하고 있습니다.

거래소의 해킹으로 인해 보관중이던 개인의 암호화폐가 탈취당한다면 회원은 위 이용계약 위반 등을 근거로 거래소에 손해배상을 청구할 수 있지만 회원의 과실로 인해 거래소 로그인 정보 등이 유출됐다면 거래소로부터 받을 수 있는 배상이 줄어들거나 전혀 배상받지 못할 수도 있습니다.

A16

거래소의 해킹으로 인해 보관 중이던 개인의 암호화폐가 탈취당한다면 회원은 이용계약 위반 등을 근거로 거래소에 손해배상을 청구할 수 있습니다. 다만 회원의 과실로 인해 거래소 로그인 정보 등이 유출됐다면 거래소로부터 받을 수 있는 배상이 줄어들거나 전혀 배상받지 못할 수도 있습니다.

2020년 대비 2021년 암호화폐 탈취 관련 범죄 증가율 및 규모

516% 증가
32조 8364억원

자료 체이널리시스

SECTION 2 Question

Q17 암호화폐가 없으면 블록체인을 유지할 수 없나요?

블록체인은 향후 다양한 분야에 사용될 수 있는 유용한 기술이라고 생각하는 사람 중에서도 암호화폐에 대해서는 부정적인 의견을 가진 경우가 많이 있습니다. 암호화폐에 대한 사람들의 평가가 회의적인 이유는 무엇일까요?

용어 설명

작업증명(Proof of Work, PoW)
비트코인, 이더리움과 다른 여러 암호화폐에 사용되는 합의 프로토콜. 새 블록을 추가하기 위해서는 채굴자들이 특정한 어려운 조건을 만족하는 해시를 구해야만 한다. 이 과정은 셀 수 없이 많은 수의 시도를 필요로 하며, 이 같은 고비용의 작업을 통해 부정행위 시도를 차단한다.

지분증명(Proof of Stake, PoS)
채굴 대신 자신이 가진 지분에 비례해서 블록체인을 변경하는 권리를 가지는 새로운 합의 프로토콜. 작업증명이 암호 퍼즐을 푸는데 가장 많은 계산 능력을 소비한 사람들에게 보상을 주는 반면, 지분증명은 장기간에 걸쳐 암호화폐를 투자한 사람들에게 보상한다.

블록체인과 암호화폐는 매우 밀접한 관계를 맺고 있습니다. 블록체인의 가장 큰 장점이자 특징은 '탈중앙화'입니다. 즉, 정부와 같이 중앙에서 통제하는 주체가 없다는 것인데 이런 구조에서 블록체인 네트워크를 유지하기 위해서는 네트워크에 참여하는 사람들에게 적절한 인센티브를 줘야 합니다.

블록체인 네트워트 유지를 위해 고안된 암호화폐

비트코인을 통해 블록체인에 관한 아이디어를 최초로 제시한 사토시 나카모토는 개발자들에게 모든 자료를 공개하고, 누구나 네트워크 유지에 기여해 '코인(암호화폐)'이라는 인센티브를 받을 수 있도록 했습니다. 네트워크를 유지하면서 거래를 처리하고, 네트워크 내에 있는 모든 시스템이 동기화될 수 있도록 하는 행위를 '채굴'이라고 합니다. 누구나 채굴에 참여할 수 있고, 채굴자들은 네트워크 유지의 대가로 비트코인을 받을 수 있습니다.

이처럼 암호화폐는 블록체인 네트워크를 유지하는 사람들에게 인센티브를 제공하기 위해 고안됐습니다. 물론 현재는 암호화폐의 가격이 급변하면서 이러한 의도가 일부 왜곡된 경우도 있고, 화폐와 같이 가치저장 수단이나 가치교환 수단으로 사용할 수 있다는 주장도 있습니다. 하지만 이는 블록체인 네트워크 및 그와 연결된 암호화폐가 활용됨에 따른 부수적인 효과라고 볼 수 있습니다. 주어진 코인이 채굴자에게 인센티브로서 작용하기 위해서는 어느 정도 가치가 유지돼야 하기 때문입니다. 결국, 탈중앙화된 블록체인 네트워크가 유지되기 위해서는 채굴자들에게 인센티브로 제공되는 연결된 암호화폐가 필요하다고 볼 수 있습니다.

운영 주체가 존재하는 암호화폐

물론 최근에 개발된 암호화폐 중에서는 운영 주체가 존재하는 탈중앙화되지 않은 코인이 다수 존재합니다. 대표적으로 '리플'이라는 암호화폐는 운영 재단이 존재하고, 이 재단에서 암호화폐의 발행 및 관리를 담당합니다. 리플은 전 세계 금융회사 간 송금을 용이하게 하기 위해 만들어진 것으로 블록체인 기술을 이용하고 있지만, 코드 수정 권한 및 암호화폐가 소수에게 집중돼 있고 비트코인의 채굴과 같은 개념이 존재하지 않습니다. 즉, 작업증명(PoW)이나 지분증명(PoS)과 같은 합의 알고리즘을 사용하지 않습니다. 다만 리플을 이용한 송금 네트워크를 이용하기 위해서는 그 암호화폐인 리플을 수수료로 지급해야 하므로, 큰 틀에서 네트워크 유지에 암호화폐가 필요하다는 점에서는 차이가 없습니다.

스마트 콘트랙트를 지원하는 암호화폐

또한 가장 널리 활용되고 있는 '이더리움'은 네트워크상에 다양한 애플리케이션을 올려서 동작할 수 있다는 점을 비트코인과 구별되는 가장 주요한 특징으로 삼고 있습니다. 이더리움은 스마트 콘트랙트를 지원하는 2세대 암호화폐로 구분되며 그 이후 만들어진 에이다, 이오스 등도 스마트 콘트랙트를 지원합니다. 사용자가 이더리움 네트워크를 이용하기 위해서는 암호화폐인 이더리움을 수수료로 지급해야 합니다. 즉, 이더리움의 경우 네트워크를 유지하는 채굴자에게 인센티브로서 암호화폐를 지급하고, 그 암호화폐가 네트워크에서 제공되는 다양한 애플리케이션에 활용될 수 있도록 함으로써 전체적으로 암호화폐가 블록체인 네트워크의 발전에 기여할 수 있도록 활용하고 있습니다. 한편, 블록체인을 이용한 금융서비스 중 상당수는 암호화폐를 매개로 이뤄지고 있어 서비스 자체에 암호화폐가 꼭 필요한 경우도 있습니다.

모든 블록체인 네트워크를 유지하는데 암호화폐가 반드시 필수적이라고 말하긴 어렵습니다. 그러나 탈중앙화된 블록체인 네트워크의 유지 및 활용을 위해서는 채굴자 및 애플리케이션 개발자에게 인센티브가 될 수 있는 암호화폐가 필요합니다. 만약 이더리움의 가격이 채굴자 및 개발자들에게 충분한 인센티브가 될 정도로 유지되지 않았다면 디파이, NFT 등 이더리움 네트워크에 기초한 다양한 애플리케이션이 개발될 수 없었을 것입니다.

A17

모든 블록체인 네트워크를 유지하는데 암호화폐가 반드시 필수적이라고 말하긴 어렵습니다. 그러나 탈중앙화된 블록체인 네트워크의 유지 및 활용을 위해서는 채굴자 및 애플리케이션 개발자에게 인센티브가 될 수 있는 암호화폐가 필요합니다.

세대별 주요 암호화폐

1세대 코인: 금융 거래
비트코인(BTC, 1위)
리플(XRP, 7위)

2세대 코인: 플랫폼
이더리움(ETH, 2위)

3세대 코인
에이다(ADA, 5위)
이오스(EOS, 25위)

자료 코인마켓캡

SECTION 2 Question

Q18 디지털자산의 게임체인저라고 하는 웹 3.0은 무엇인가요?

현재 웹 2.0의 다음 레벨이 웹 3.0입니다. 웹 2.0이 구현하지 못한 목적과 기능을 구현한다는 게 웹 3.0의 특징이죠. 현재 K-코인의 대표 격인 '루나'와 자매 스테이블코인 '테라'의 가치폭락 사태로 웹 3.0의 목적과 기능에 대해 일정부분 의문이 제기되고 있습니다.

웹 3.0
개인 맞춤형 정보를 제공하고 블록체인 시스템을 통한 탈중앙화와 데이터 암호화에 기반한 개인의 데이터 소유가 가능해진 새로운 형태의 웹 생태계를 의미한다.

용어 설명
포모(Fear Of Missing Out, FOMO)
포모, 고립공포감은 소셜 미디어 이용자들이 다른 사람들과 네트워킹을 하지 못하는 경우에 심리적으로 불안해하는 증상으로 소셜 미디어에 대한 과도한 집착과 의존에 기인한다.

웹 1.0, 웹 2.0, 웹 3.0은 단순한 숫자의 차이를 넘어서 깊은 함의를 담고 있습니다. 이미 수년 전부터 웹 3.0이 언급됐는데 메타버스, NFT, 블록체인과 같은 서비스 또는 기술이 구현되면서 요즘은 웹 3.0에 대한 논의가 더 구체화되고 있습니다. 논의를 이끌어가는 주체들을 보면 주로 메타버스나 가상자산과 관련된 이들이 많습니다.

웹 1.0과 웹 2.0

우선 웹 1.0은 월드 와이드 웹(WWW) 상태의 초창기 웹입니다. 1994년부터 2004년까지 디렉터리 검색과 분류 등 일방적인 정보를 제공하는 폐쇄적인 서비스를 통해 사람들을 온라인으로 연결하는 것이 주된 목적이자 기능이었습니다. 웹 1.0은 정보전달과 읽는 기능 위주로 PC에서 사용됐습니다.

웹 2.0은 개방, 참여, 공유의 정신을 바탕으로 사용자가 직접 정보를 생산해 쌍방향으로 소통하는 사용자 중심입니다. 변화되고 진화된 '플랫폼으로서의 웹'으로, 닷컴버블 과정에서 살아남은 기업과 그렇지 않은 기업을 구분하는 특징으로 평가됩니다. 쉽게 말해 웹 2.0은 사용자가 자기 생각을 쓰고 공유할 수 있으며, PC에서 스마트폰까지 사용을 확대한 것입니다.

탈중앙화한 웹 3.0 세계

웹 3.0은 아직 정의가 통일됐다고 보기는 어렵습니다. 그러나 웹 2.0과 구분되는 개인화, 가치의 공유와 분산형(탈중앙화)의 특징을 갖는 웹으로 평가됩니다. 웹 3.0은 데이터의 의미를 중심으로 개인화, 지능화, 상황인식 등 인터넷에서 엄청난 양의 정보를 추출해서 사용자가 지금 필요로 하는 정보와 지식만을 보여주는 지능형의 모습을 가집니다. 그러면서도 모든 자료와 정보를 분산화해 현재 집중화된 권력과 데이터를 개인에게 되돌려주는 블록체인 기반 기술을 중점으로 탈중앙화된 웹을 지향합니다.

즉, 데이터를 분산시켜 해킹으로부터 자유롭게 하는 것, 데이터 소유권을 플랫폼 기업이 아니라 데이터의 원천 주체인 개인에게 귀속시키면서 웹 참여자에게 더욱 큰 혜택과 권한을 제공하는 것을 지향합니다. 그런 점에서 플랫폼을 중심으로 한 중앙화가 아니라 참여자와 함께 소유하는 탈중앙화의 방향성을 가지는 것입니다.

이러한 방향성을 유추해 볼 수 있는 서비스가 바로 P2E 게임, 블록체인 기반의 메타버스 플랫폼이며 이를 위해서는 블록체인을 기반으로 한 NFT 및 코인이 필수입니다. 특히 코인은 블록체인의 거래내역을 계산해 주는 것에 대한 보상으로, 플랫폼에서 사용되는 화폐이자 참여권, 참여자에 제공되는 혜택이나 보상으로서 핵심적인 가치로 자리 잡게 됩니다.

웹 3.0에 대한 우려

다만, 웹 3.0은 기대감과 상상력에 의존하는 블록체인 생태계이기 때문에 웹 3.0 방향성의 가장 기초가 되는 블록체인을 통한 시스템이 과연 생각만큼 간편하고 빠를지, 다양한 코인과 관련된 거래비용이 효율적일지, 정말 탈중앙화가 될 수는 있는지, 참여자의 권리 존중이라고는 하나 각 블록체인 시스템의 기초를 만들고 운영하는 운영자의 중앙화된 시스템을 웹 3.0이라는 이름으로 포장하거나 관련 사업을 위한 마케팅 용어는 아닌지 등 다양한 의문과 비판이 있습니다.

비슷한 취지로 웹 3.0의 논의가 포모(Fear Of Missing Out, FOMO)에서 비롯된 것은 아닌가 하는 의문도 제기됐습니다.

NFT가 결국 버블로 끝을 맺을지 아니면 다양한 분야에서 거래 트렌드의 대세가 될지, 디파이(DeFi)가 블록체인 기술을 바탕으로 현재의 중앙화된 금융을 대체할 수 있을지, 아니면 중앙화된 금융이 유지된 상태에서 결국 일확천금을 노리는 봉이 김선달의 허황된 시도로 그칠지 현재로서는 누구도 장담할 수는 없습니다.

하지만 웹 3.0에서 논의되는 개인화, 지능화, 분산화, 탈중앙화라는 것이 아직 명확한 실체는 없어 보이지만 AI, IoT, NFT, 메타버스와 관련된 기업들이 앞다투어 제시하고 있는 사업 방향을 본다면, 현재의 웹 3.0의 논의가 허황되거나 잘못된 것으로 보기는 어렵습니다.

그렇다면 이러한 흐름을 읽고 미리 준비 하는 것이 현명할 것입니다.

A18

웹 3.0은 데이터의 의미를 중심으로 개인화, 지능화, 상황인식 등 인터넷에서 엄청난 양의 정보를 추출해서 사용자가 지금 필요로 하는 정보와 지식만을 보여주는 지능형의 모습을 가집니다.

웹 1.0 (1994~2004)
디렉터리 검색과 분류 등 일방적인 정보를 제공하는 폐쇄적인 서비스를 통해 다수의 이용자는 소수가 제공하는 제한된 형태의 콘텐츠를 그저 읽을 수만 있었다.

웹 2.0
웹이 플랫폼의 형태로 발전해 사용자가 직접 정보를 생산하는 쌍방향 커뮤니케이션이 가능해졌다. PC에서 스마트폰까지 사용을 확대했다.

SECTION 2 Question

Q19 중앙은행 디지털화폐(CBDC)는 무엇이고 다른 디지털자산과의 차이는 무엇인가요?

2015년 영국의 중앙은행인 영란은행(BOE)이 중장기 연구과제의 일환으로 일반 대중이 사용할 수 있는 중앙은행 디지털화폐의 발행 필요성을 제시하면서 CBDC라는 용어를 최초로 사용했습니다. CBDC가 등장하게 된 배경에는 현금 이용이 지속해서 감소하고, 금융을 포함한 경제 전반의 디지털 전환이 가속화하는 등의 사회경제적 변화가 영향을 미쳤습니다.

CBDC(중앙은행 디지털화폐)의 표준적인 정의는 아직 없습니다. 일반적으로는 국제결제은행(BIS)의 지급 및 시장인프라 위원회(CPHI)와 시장위원회(MC) 논의에 따라 "전통적인 지급준비금이나 결제계좌 상 예치금과는 다른 전자적 형태의 중앙은행 화폐"라고 정의하고 있습니다. 한국은행은 중앙은행 내 지급준비예치금이나 결제성 예금과는 별도로 중앙은행이 전자적 형태로 발행하는 새로운 화폐를 말한다고 정의하고 있습니다. V1

CBDC의 특성

CBDC는 중앙은행의 직접적인 채무로서, 현금 등 법정화폐와 일대일 교환이 보장됩니다. 또한 CBDC는 현금과 같은 실물 형태가 아닌 전자적 형태를 보이게 돼 이의 취급도 전자적으로 이뤄지며, 은행 예금과 같은 단일원장 방식 또는 암호화폐 등 가상자산과 같은 분산원장 방식에 기반해 발행이 가능합니다. CBDC는 이용목적에 따라 개인과 기업을 포함한 모든 경제주체가 이용할 수 있는 소액 결제용 CBDC와 은행 등 금융회사만이 이용할 수 있는 거액 결제용 CBDC로 발행할 수 있습니다. V2

CBDC 특성을 조금 더 구체적으로 살펴보면, CBDC는 전자적 방식으로 구현되기 때문에 현금과 달리 관련 거래의 익명성을 제한하거나 그 수준을 조절할 수 있습니다. 또한 CBDC는 이자 지급이 가능해 현금, 은행 예금 등

자료 한국은행

중앙은행 CBCD 모의실험

1단계 기본기능 검증 :
중앙은행 발권시스템 구축 → 전자지갑(스마트폰 앱 등)통한 디지털화폐 발급 → 은행 예금 디지털 화폐로 교환 및 전환, 송금 및 상품 구매

2단계 중앙은행 업무 확장 :
디지털 화폐 발행 국가 간 송금(국제 송금) → 디지털 자산 구매 → 오프라인 결제 (인터넷 사용 불가능한 환경)

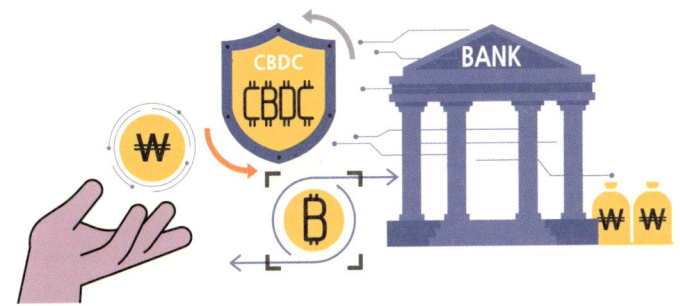

에 대한 수요도 조절할 수 있습니다. 즉, CBDC 금리 수준이 높을수록 은행 예금 대신 CBDC를 선택하게 될 것입니다. 또한 CBDC가 자금세탁 등의 수단으로 악용되는 것을 방지하기 위해 경제주체별로 CBDC 보유 또는 사용 한도를 설정하는 것도 가능하며 CBDC를 연중무휴, 24시간 사용할 수 있도록 하거나 특정 시간대의 이용을 제한하는 것도 가능합니다. v3

CBDC 연구 및 도입을 준비하는 국가들

2019년 메타(구 페이스북)의 글로벌 스테이블코인(Diem) 계획 발표, 빅테크 주도의 지급결제 시장 혁신 가속화 등으로 CBDC가 중앙은행의 주요 과제로 급부상하기 시작했습니다. 중국은 실제 환경 시범운영을 확대 실시하면서 주요국 중 최초로 2022년 중 도입 가능성을 내비쳤습니다. 유럽중앙은행(ECB)도 CBDC 도입 여부를 검토하기 위해 디지털 유로 프로젝트(2021년 7월 ~ 2023년 7월)에 공식 착수했습니다. 한국을 비롯한 주요 국가(미국, 영국, 캐나다, 호주, 일본 등)는 아직 모의실험 단계이거나 기초연구를 진행하고 있는 단계입니다. v4

한국은행도 CBDC 모의실험을 진행하고 있습니다. 한국은행은 모의실험 환경을 조성하고 CBDC의 기본 기능(제조, 발행, 유통 등)이 정상적으로 작동하는 것을 확인하는 1단계 사업을 완료했고, 송금 및 대금결제 등 CBDC 추가 기능을 구현했습니다. 이어 개인정보 강화기술 등의 적용 가능성을 검증할 2단계 사업을 2022년 6월 완료한 후 금융회사 등과 협력해 기술 검증을 확대할 방침입니다.
CBDC는 무엇보다도 현금 등 법정화폐와 일대일 교환이 보장된다는 점에서 일반적으로 내재가치를 규정하기 어려운 가상자산, 특히 암호화폐와는 구분됩니다. 또한 중앙은행이 발행하는 화폐로서 원화와 같이 강제 통용력을 가질 수 있다는 점에서 다른 디지털자산과 구별된다고 할 수 있습니다. 향후 모든 중앙은행이 CBDC를 도입할 거라고 단언하기도 어렵고 도입을 결정하더라도 실제로 발행하기까지는 상당한 시간이 걸릴 것으로 예상됩니다. 이 과정에서 CBDC를 도입할 정책적 필요성이 있는지, 도입했을 때 어떻게 활용되고 자리매김할 수 있을지 등에 대한 논의가 지속될 전망입니다. v5

A19

CBDC는 무엇보다도 현금 등 법정화폐와 일대일 교환이 보장된다는 점에서 일반적으로 내재가치를 규정하기 어려운 가상자산, 특히 암호화폐와는 구분됩니다. 또한 중앙은행이 발행하는 화폐로서 원화와 같이 강제 통용력을 가질 수 있다는 점에서 다른 디지털자산과 구별된다고 할 수 있습니다.

국가별 CBDC 연구 및 도입준비 추진 현황

도입 | 바하마, 동카리브, 나이지리아
시범운영 | 중국, 우크라이나, 우루과이
모의실험 | 한국, 유럽연합, 일본, 스웨덴, 러시아, 터키
기초연구(개념검증 등) | 미국, 영국, 캐나다, 호주, 노르웨이, 태국

※ 2022년 1월 기준
자료 한국은행

1~3. 한국은행, 중앙은행 디지털화폐, 2019
4~5. 한국은행, 중앙은행 디지털화폐 주요 이슈별 글로벌 논의 동향, 2022

SECTION 2 Question

Q20 트래블룰이란 무엇인가요?

송금인이 전신(온라인) 송금의 방법으로 100만원(외화의 경우 1000달러 상당) 이상을 송금하는 때에는 송금인과 수취인에 관한 정보(송금인의 성명·계좌번호, 수취인의 성명·계좌번호 등)를 송금받는 금융회사에 제공해야 합니다. 전신 송금 시 금융회사에 부과되는 정보제공의무는 금융회사 간 자금의 이동을 확인해 자금 세탁행위를 방지하기 위한 목적이 있습니다.

가상자산 사업자는 고객과의 금전 거래를 실명 확인 입출금계정을 통해서만 하므로 고객이 예치한 금전을 직접 제3자에게 전신 송금을 할 수는 없습니다. 따라서 가상자산 사업자가 전신 송금 시 정보제공의무를 이행해야 하는 경우는 거의 없습니다. 반면 가상자산 사업자는 고객의 요청에 따라 가상자산의 입출금을 이행하는 경우가 있는데, 가상자산의 입출금을 통한 가상자산의 이전 시에도 자금세탁의 위험이 있습니다.

이러한 점을 고려해 '특정 금융거래정보의 보고 및 이용 등에 관한 법률'(이하 특금법)은 가상자산 사업자가 고객의 요청에 따라 가상자산을 이전할 때 가상자산 이전에 관한 정보를 제공할 의무를 규정하고 있는데 이를 '트래블룰(Travel rule)'이라고 합니다.

용어 설명

트래블룰

가상자산의 이전 경로를 파악함으로써 가상자산을 이용한 자금세탁행위를 파악하고 이에 대한 규제를 목적으로 하는 자금세탁방지의무 중 하나이다. 가상자산 사업자가 고객의 요청에 따라 다른 가상자산 사업자에게 100만원 이상에 상당하는 가상자산을 이전하는 경우, 가상자산을 이전 받는 가상자산 사업자에게 가상자산을 보내는 고객의 성명과 가상자산 주소, 가상자산을 받는 고객의 성명 및 가상자산 주소를 제공해야 한다.

트래블룰의 효용성

트래블룰은 가상자산의 이전 경로를 파악함으로써 가상자산을 이용한 자금 세탁행위를 파악하고 이에 대한 규제를 목적으로 하는 자금 세탁방지의무 중 하나입니다. 그러나 기존 금융회사와 달리 가상자산 사업자 간에는 정보 전송·공유 시스템이 구축돼 있지 않았습니다. 그래서 트래블룰이 전면 도입되면 고객의 요청이 있더라도 가상자산 관련 정보제공이 사실상 불가능해 가상자산 입출금이 제한된다는 우려가 있었습니다.

하지만 국제자금세탁방지기구(FATF)에서도 정보 전송·공유 시스템의 구축 상황에 따라 트래블룰의 도입이 필요하다는 입장을 유지하기도 했습니다. 이에 따라 정부는 개정 특금법이 시행되는 2020년 9월부터 6개월간 트래블룰에 관한 감독을 유예하겠다는 방침을 발표해 트래블룰 준수에 필요한 시스템 구축이 가능하도록 했습니다.

가상자산에 관한 자금 세탁위험이 증가하는 상황에서 가상자산 사업자의 사업 활동과 함께 자금 세탁행위 방지를 위한 필요성도 고려하지 않을 수 없습니다.

국내 가상자산 거래소는 트래블룰 시행에 따라 가상자산의 이전(입출금)이 가능한 가상자산 거래소 리스트를 제공하고 있으며, 트래블룰을 준수하기 어려운 가상자산 거래소나 가상자산 사업자에 대한 가상자산 입출금이 제한되고 있습니다. 다만, 향후 가상자산 이전 시 정보 전송·공유 시스템이 더욱 높은 수준으로 구축된다면 자금 세탁위험을 줄이면서 가상자산 이전이 더 편리하게 이뤄질 수 있을 것입니다.

특금법에서 정보제공의무를 부과하지 않는 경우

특금법은 가상자산 사업자가 고객의 요청에 따라 다른 가상자산 사업자에게 가상자산을 이전할 때 고객 정보를 제공하도록 규정하고 있을 뿐이고, 가상자산 사업자가 비사업자에게 가상자산을 이전할 때는 정보제공의무를 부과하고 있지 않습니다.

당초 특금법 시행령 입법예고 당시에는 비사업자에게 가상자산을 이전하거나 비 사업자로부터 가상자산을 이전 받을 때에도 고객으로부터 특정 정보를 확인하는 것으로 규정하고 있었습니다. 하지만 비사업자에 대한 가상자산 이전 시 정보제공의무는 삭제됐습니다.

따라서 가상자산 사업자가 고객의 요청에 따라 비사업자, 특히 개인의 지갑으로 가상자산을 이전할 때는 정보제공의무가 적용되지 않습니다. 다만 가상자산 사업자는 자금 세탁위험을 평가하고 이를 통제할 자금 세탁방지 체계를 구축할 의무가 있습니다. 따라서 자금 세탁위험을 통제하기 위해 비사업자에 대한 가상자산 이전 시에도 가상자산을 보내거나 받는 자의 정보를 요구하는 경우도 있습니다.

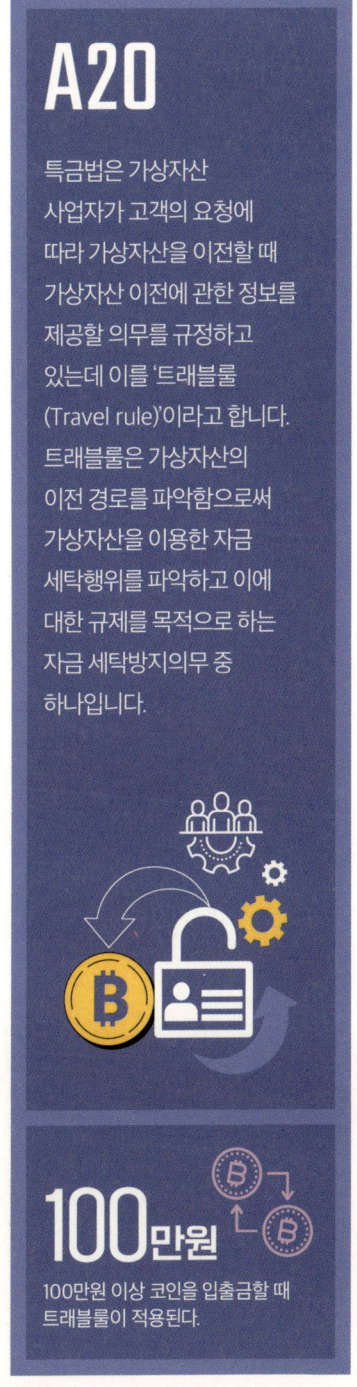

A20

특금법은 가상자산 사업자가 고객의 요청에 따라 가상자산을 이전할 때 가상자산 이전에 관한 정보를 제공할 의무를 규정하고 있는데 이를 '트래블룰(Travel rule)'이라고 합니다. 트래블룰은 가상자산의 이전 경로를 파악함으로써 가상자산을 이용한 자금 세탁행위를 파악하고 이에 대한 규제를 목적으로 하는 자금 세탁방지의무 중 하나입니다.

100만원

100만원 이상 코인을 입출금할 때 트래블룰이 적용된다.

SECTION 2 Question

Q21 가상자산은 범죄에 어떻게 이용되나요?

워런 버핏의 사업 파트너 찰리 멍거는 "비트코인은 납치범에게나 유용한 화폐"라고 비난했다고 합니다. 실제로 2021년 5월에는 랜섬웨어 공격을 받은 세계 최대 정육회사 JBS가 자기 회사의 전산 시스템에 다시 접속하는 대가로 해커에게 121억원 상당의 비트코인을 '몸값'으로 지불했고, 미국 송유관 회사 콜로니얼 파이프라인도 해커집단 다크사이드의 랜섬웨어 공격을 받아 49억원 상당의 비트코인을 몸값으로 강탈 당했다는 보도가 있었습니다.

한국에서도 13세 A군이 "비트코인 100개를 주지 않으면 인천공항을 테러하겠다"고 협박하는 사건이 발생했습니다. A군이 몸값을 받지는 못했지만 당시 인천공항의 시설 경계가 격상되기도 했습니다. 암호화폐가 단순히 몸값 지불수단으로만 사용되는 것은 아닙니다.

가상자산 관련 범죄 현황

경찰청에 따르면 2021년 상반기 가상자산 관련 범죄로 검거된 피의자는 487명, 피해액은 2조8000억원에 이릅니다. 암호화폐 관련 범죄로는 가상자산 거래소에 투자하면 원금을 초과하는 수익을 지급하겠다는 등의 유사수신 다단계 사기가 가장 높은 비중을 차지합니다. 가상자산을 횡령하거나, 암호화폐를 직접 탈취하는 범죄도 크게 늘었습니다.

국경을 초월한 암호화폐의 특성을 활용해 활동무대를 넓힌 범죄자들도 있습니다. 2021년 개봉된 영화 <실크로드(Silkroad)>는 다크넷 웹사이트를 통해 마약을 판매하는 천재의 이야기를 다뤄 화제가 됐는데, 실화를 바탕으로 해 큰 파장이 일었습니다. 2021년 한 주한미군은 다크넷 웹사이트를 통해 해외로 비트코인을 송금하고 LSD 등 마약을 배송 받았다가 형사처벌을 받기도 했습니다. 바야흐로 가상자산이 범죄의 수단, 방법, 목적이 됐다고 해도 과언이 아닙니다. 규제 당국이 가상자산의 존재를 무

용어 설명

유사수신행위

금융관계법령에 의한 인가 또는 허가를 받거나 등록, 신고 등을 하지 않고 불특정 다수인으로부터 자금을 조달하는 행위를 말한다. 즉, 제도권 금융회사가 아니면서 고수익을 제시한 채 불특정 다수로부터 투자 명목으로 투자금을 끌어모으는 행위를 가리킨다. 유사수신업체에 지급한 투자금은 예금자보호법상의 보호 대상 상품이 아니며, 유사수신업체는 금융회사가 아닌 상법상 일반회사이므로 금융관련 법률에 의한 구제를 받을 수 없다.

시하고 가치를 평가절하하는 동안 범죄자들의 가상자산 활용 능력은 나날이 발전하고 있는 것 같습니다.

암호화폐를 선호하는 범죄자들

그렇다면 범죄자들은 왜 암호화폐를 선호할까요. 첫째, 익명성이 보장됩니다. 암호화폐 거래 내역이 블록체인에 모두 공개된다고 하나 공개되는 것은 '거래내역'일 뿐 누가 그 거래를 했는지가 아니라는 것입니다. 실제로 다크사이드에게 몸값으로 지불된 75비트코인 중 85%에 해당되는 63.7비트코인을 FBI가 회수했다고는 하나 그 추적에는 수많은 비용과 시간이 들었고 전부 다 회수한 것도 아닙니다. 둘째, 가상자산 거래에는 제3자가 필요 없습니다. 은행이나 거래소, 돈을 전달할 제3자도 없이 당사자간 비대면으로 암호화폐를 주고 받을 수 있으므로 범죄가 발각될 위험이 그만큼 줄어듭니다. 셋째, 해외 송금도 실시간으로 진행됩니다. 범죄자들은 장소의 제약에서 완전히 벗어날 수 있습니다. 만약 송유관 회사를 공격한 해커집단이 49억원을 원화로 받았다면 어땠을까요. 5만원짜리로 1억원이면 2kg이니 49억원이면 98kg 정도 됩니다. 영화에서는 지폐가 가득 든 가방을 주고 받고, 침대 매트리스나 마룻바닥에 돈을 숨기기도 하지만 실제 이런 방식으로 많은 돈을 숨길 수 없을뿐더러 해외로 가지고 나갈 수도 없습니다. 돈을 어떻게 안전하게 옮길지 고민하고 있던 범죄자들에게 완벽한 대안이 마련된 것입니다. 북한에서 미국을, 러시아에서 일본을 공격하고 몸값을 요구할 수 있습니다. 국경 없는 지불수단이 마련된 지금 완벽한 '재택 범죄' 시대가 도래한 셈입니다.

이렇듯 암호화폐 관련 범죄 피해가 속출하자 세계 각국도 암호화폐 관련 범죄 수사를 강화하기로 했습니다. 중국은 암호화폐 거래를 아예 금지한다고 나섰고, 유럽연합은 올해 암호화폐 범죄 단속 기구를 설치한다고 합니다. 미국 FBI도 올해 2월 암호화폐 수사 전담부서를 설치하고 법무부 산하 연방 암호화폐 수사국(NCET)과 함께 암호화폐 남용 범죄에 대한 수사를 진행한다고 공표했습니다. 한국도 수사, 사이버수사, 홍보 등 '가상자산 불법행위 종합대응 TF'를 운영하고 가상자산 유사수신 등 불법행위(수사국)와 가상자산 탈취 등 정보통신망 침해형 범죄(사이버수사국)에 대한 집중 단속을 펼친다고 합니다.

A21

암호화폐 관련 범죄로는 가상자산 거래소에 투자하면 원금을 초과하는 수익을 지급하겠다는 등의 유사수신 다단계 사기가 가장 높은 비중을 차지합니다. 가상자산을 횡령하거나, 암호화폐를 직접 탈취하는 범죄도 크게 늘었습니다.
국경을 초월한 암호화폐의 특성을 활용해 활동무대를 넓힌 범죄자들도 있습니다.

2021년 가상자산 관련 범죄로 검거된 피의자 수
487명

2021년 가상자산 관련 범죄 피해액
2조8000억원

자료 경찰청

SECTION 2 Question

Q22 가상자산 거래 시 필요한 실명확인 입출금계정이란 무엇인가요?

실명확인 입출금계정은 말 그대로 '실명 확인이 가능한 입출금계정'입니다. 금융회사에 개설된 가상자산 사업자의 계좌와 고객 계좌 사이에서만 금융거래를 허용하는 것을 말합니다. 실명확인 입출금계정은 가상자산 거래를 하는 고객의 실명을 확인하기 위한 것입니다. 실명 확인을 통해 자금 세탁행위를 방지하는 데 그 목적이 있습니다.

정부는 2017년 12월 가상자산 투기 거래가 가열되는 상황에서 "실명 확인이 어려워 금융거래의 투명성을 저해한다"는 우려가 나오자 가상계좌 서비스를 통해 이뤄지는 가상자산 거래소에 대한 입금을 제한하기로 했습니다. 가상계좌 서비스는 아파트 관리비, 공과금 등 제한된 특정 목적의 입금 효율성을 위해 고안됐습니다. 그런데 가상자산 거래에도 광범위하게 활용되면서 가상자산의 투기거래를 조장하고 금융거래의 투명성을 저해한다고 본 것입니다. 특히 가상계좌 서비스로 이용자의 실명 확인이 어렵기 때문에 법인, 국내 비거주자, 미성년자에 의한 가상자산 거래가 가능했습니다. 이로 인한 여러 가지 사회적인 폐해가 발생할 우려가 있다고 판단했습니다.

실명확인 입출금계정 서비스 도입

이후 정부는 은행권에 가상자산 거래소에 대한 가상계좌 서비스 중단을 요청했습니다. 2018년 1월에는 '가상통화 관련 자금세탁 방지 가이드라인'을 발표해 본인 확인이 완료된 이용자의 은행 계좌와 가상자산 거래소의 동일 은행 계좌 간에만 입출금을 허용하는 '실명확인 입출금계정서비스'를 도입했습니다.

실명확인 입출금계정서비스는 가상자산 거래소가 아닌 은행에 의해 이뤄집니다. 가상자산 거래소가 은행으로부터 실명확인 입출금계정서비스를 제

용어 설명

김치 프리미엄
한국 시장에서 비트코인이나 이더리움 등의 암호화폐가 외국보다 비싸게 팔리는 현상을 일컫는 말로 공급보다 수요가 높아 발생한다. 비트코인 투자 열기가 가장 뜨거웠던 2018년 1월 비트코인 김치 프리미엄은 60% 수준까지 올랐지만, 최고가를 기록한 1월 6일 이후 지속적으로 암호화폐 가격이 하락하면서 김치 프리미엄은 빠르게 줄었다.

공받지 못하면 더 이상 돈을 입금 받을 수 없게 된 것이죠. 정부는 가상자산 거래를 직접 규율하는 법률이 없다는 점을 고려해 은행에 적용되는 '특정 금융거래정보의 보고 및 이용 등에 관한 법률'(이하 특금법)상 자금세탁방지의무를 근거로 내세웠습니다. 이를 통해 은행이 고객의 가상자산 거래소에 대한 입출금 거래 시 고객의 실명을 확인하도록 했던 것입니다.

실명확인 입출금계정서비스가 도입됨에 따라 은행으로부터 실명확인 입출금계정서비스를 제공받지 못한 상당수의 가상자산 거래소는 금전의 입출금이 필요한 원화마켓을 운영할 수 없게 됐습니다. 이후 특금법 개정을 통해 가상자산 사업자에게 신고 의무 및 자금 세탁방지 의무를 부과하면서 금전과 가상자산의 교환 행위가 필요한 경우, 실명확인 입출금계정을 통해서만 거래하도록 법률상 근거를 마련했습니다.

실명확인 입출금계정의 긍정적 효과

실명확인 입출금계정은 은행으로부터 실명확인 입출금계정을 발급받은 대형 가상자산 거래소에 가상자산 거래가 집중되는 결과로 이어졌습니다. 이에 해외 거래소의 가상자산 가격보다 국내 거래소의 가상자산 가격이 높게 형성되는 소위 '김치 프리미엄'을 심화시켰다는 지적도 나왔습니다. 하지만 가상자산 거래자의 실명 확인이 가능해지면서 가상자산을 활용한 자금 세탁행위를 방지하는 긍정적 측면이 있는 것도 사실입니다. 또한 가상자산 거래자의 입장에서 보면 정부가 가상자산 거래소의 난립을 막음으로써 거래의 안정성을 높였다는 장점이 있습니다. 이렇게 실명확인 입출금계정은 가상자산 거래자를 보호하는 기능도 부수적으로 수행한다고 볼 수 있습니다.

최근 은행의 가상자산 거래에 대한 자금세탁 방지 노하우가 높아지고 있는 점을 감안하면, 향후 은행의 가상자산 거래소에 대한 실명확인 입출금계정 개시가 증가해 원화마켓을 운영하는 가상자산 거래소도 늘어날 것으로 예상됩니다. 이 경우 가상자산 거래자의 가상자산 거래소 선택의 폭도 넓어지고, 국내 가상자산 가격과 해외 가격의 차이도 해소될 수 있을 것으로 보입니다.

A22

실명확인 입출금계정서비스는 가상자산 거래소가 아닌 은행에 의해 이뤄집니다. 정부는 가상자산 거래를 직접 규율하는 법률이 없다는 점을 고려해 은행에 적용되는 특금법상 자금 세탁방지 의무를 근거로 내세웠습니다. 이를 통해 은행이 고객의 가상자산 거래소에 대한 입출금 거래 시 고객의 실명을 확인하도록 했던 것입니다.

가상자산 실명확인 입출금계정의 장점 3

❶ 가상자산을 활용한 자금 세탁행위를 방지한다.
❷ 가상자산 거래소의 난립을 막음으로써 거래의 안정성을 높인다.
❸ 가상자산 거래자를 보호하는 기능도 부수적으로 수행한다.

SECTION 2 Question

Q23 미술품, 음악 저작권 등에 투자하는 조각투자도 디지털자산인가요?

조각투자는 2인 이상의 투자자가 실물자산 혹은 그 밖에 재산 가치가 있는 권리를 분할한 청구권에 투자하는 새로운 투자 형태입니다. 조각투자 서비스를 제공하는 사업자는 고가의 자산을 매입해 스스로 보관·관리·운용하면서 수익을 창출합니다.

자산에는 미술품, 골동품, 가축, 저작권, 산업재산권, 부동산 등이 있는데요. 그 수익권을 나눠 플랫폼을 통해 다수의 투자자에게 판매하고, 운용수익을 정산해 투자자에게 배분하는 구조입니다. 플랫폼에서 수익권 거래도 할 수 있죠. 조각투자 플랫폼을 운영하는 자와 조각투자 대상 자산을 운용하는 사업자는 동일한 경우가 많습니다. 과거에도 조각투자와 유사한 투자가 있었습니다. 대표적으로 아파트를 여러 명이 공동으로 구매하는 경우입니다. 이처럼 투자자들이 투자 대상의 소유권을 직접 보유하는 경우 투자자들은 소유의 대상이 되는 자산에서 발생하는 이익을 얻을 수 있습니다. 조각투자 사업자의 사업 성패와 무관하게 재산권 등 권리를 행사할 수도 있죠.

금융위원회도 아파트를 여러 명이 공동으로 투자·보유하면서 그 월세와 매각 차익을 나누는 경우, 해당 아파트 매매를 중개한 공인중개사의 사업 성패와 아파트의 재산적 가치는 무관하다는 예를 들면서 기존 공동투자와의 차이점을 설명하고 있습니다.

기존 공동투자와 조각투자의 차이점

조각투자의 경우 투자자들이 자산에 대한 소유권을 갖는 게 아닙니다. 자산에서 발생하는 수익에 대한 청구권 등의 형태로 조각투자 사업자가 발행한 '어떤 것을 갖게되는 점이 기존 공동투자와의 차이점입니다. 투자자로

증권성 여부의 기로에 선 조각투자 업체

투자 분야	음악 저작권료 청구권	부동산	명품·미술품 등 현물자산	미술품	한우	시계·와인 등	K콘텐츠	디지털 아트 NFT
플랫폼	뮤직카우	카사·소유·펀블	피스	테사·소투 아트앤가이드	뱅카우	트레져러	펀더풀	엑스엑스블루
증권성 여부	증권	증권	미정	미정	미정	미정	미정	미정
혁신금융 서비스 신청현황	심사 중	지정	심사 중	미신청	미신청	미신청	심사 중	미신청

A23

금융위원회는 경우에 따라 조각투자 상품이 자본시장과 금융투자업에 관한 법률(자본시장법)에서 규제하는 증권에 해당할 수 있다고 봅니다. 이용약관, 운용 방법, 수수료, 수익배분 내용, 광고 내용, 여타 약정 등 제반 사정을 종합적으로 고려해 사안별로 판단합니다. 조각투자(조각투자 상품)의 방법, 형식, 기술과 관계없이 표시하는 권리의 실질적 내용을 기준으로 한다는 입장입니다.

음악 저작권 거래 플랫폼 '뮤직카우'

조각투자
조각투자는 투자자들이 자산에 대한 소유권을 갖는 게 아니다. 자산에서 발생하는 수익에 대한 청구권 등의 형태로 조각투자 사업자가 발행한 '어떤 것'을 갖게 된다.

조각투자 상품
조각투자 상품이 증권에 해당할 경우, 조각투자 상품을 발행·유통하려는 사업자는 자본시장법 및 관련 법령을 모두 준수해야 한다.

선 조각투자 상품에 투자하게 되는 것이죠. 아울러 조각투자의 경우 기존 공동투자와 달리 '어떤 것'(조각투자 상품)이 플랫폼을 통해 유통됩니다. 금융위원회는 경우에 따라 조각투자 상품이 '자본시장과 금융투자업에 관한 법률'(이하 자본시장법)에서 규제하는 증권에 해당할 수 있다고 봅니다. 이용약관, 운용 방법, 수수료, 수익배분 내용, 광고 내용, 여타 약정 등 제반 사정을 종합적으로 고려해 사안별로 판단합니다. 조각투자(조각투자 상품)의 방법, 형식, 기술과 관계없이 표시하는 권리의 실질적 내용을 기준으로 한다는 입장입니다.

투자계약증권 개념이 최초로 적용된 뮤직카우

최근 금융위원회는 '뮤직카우'에서 발행한 음악 저작권 참여 청구권(저작권 조각투자)이 투자계약증권에 해당하는 것으로 판단했습니다. 이는 투자계약증권 개념이 최초로 적용된 사례입니다. 투자자가 얻게 되는 수입에 사업자의 전문성이나 사업 활동이 중요한 역할을 할 경우 투자계약증권으로 인정될 가능성이 높습니다.

구체적으로 ① 사업자 없이는 조각투자 수익 배분 또는 손실 회피가 어려운 경우 ② 사업자가 운영하는 유통시장의 성패가 수익에 큰 영향을 미치는 경우 ③ 투자자 모집 시 사업자의 노력, 능력을 통해 사업과 연계된 조각투자 상품의 가격상승이 가능함을 합리적으로 기대하게 되는 경우 등입니다. 조각투자 상품이 증권에 해당할 경우 조각투자 상품을 발행·유통하려는 사업자는 자본시장법 및 관련 법령을 모두 준수해야 합니다. 조각투자 상품은 사업자가 발행한 권리에 투자한 이들이 해당 권리를 유통 플랫폼을 통해 매매할 수 있는 경우가 많습니다. 이 때문에 대체로 자본시장법에 따른 증권에 해당할 것으로 보입니다.

SECTION 2 Question

Q24 예술작품을 민팅한다는 것은 무엇을 말하나요?

예술작품의 민팅이란, 예술작품을 기초로 대체불가능토큰(NFT)을 발행하는 것을 말합니다. 예술작품에 대한 민팅이 이뤄지면 블록체인상에 해당 예술작품의 디지털 콘텐츠에 대해 대체 불가능한 고유자산 정보가 부여됩니다. NFT의 시장참여자들은 주로 영상, 그림, 게임 관련 콘텐츠 등 기존 저작물을 민팅해 디지털 자산으로 만든 뒤 보관하거나 관련 플랫폼에서 거래하고 있습니다.

ERC-20과 ERC-721

기술적인 측면에서 민팅은 '이더리움 네트워크에서 ERC-721 표준에 따른 토큰 발행'을 의미합니다. 현재 거래되는 대다수 토큰은 이더리움 네트워크의 ERC-20 표준을 이용해 생성되는데, ERC-20에 따라 발행된 토큰은 화폐와 같이 특징이 모두 같습니다. 예를 들어 이더리움의 ERC-20 표준을 이용해 A라는 토큰을 100개 발행했다면, 발행된 100개의 토큰은 1만원권 지폐 100장과 같이 모두 같은 특징을 가지고 가치도 동일합니다.

반면 ERC-721 표준에 따라 발행된 토큰은 모두 각자의 특징을 가지게 됩니다. 이 표준을 이용한 애플리케이션 중 대표적인 것으로는 '크립토키티'가 있습니다. 이 게임은 고양이를 교배해 생성된 새로운 고양이를 수집하고 교환하는 일종의 육성, 수집 게임입니다. 여기서 각 고양이는 ERC-721 표준에 따른 토큰으로 구성되고, 모두 고유한 특징을 가져 희귀한 고양이 토큰은 다른 토큰보다 더 높은 가격으로 거래할 수 있습니다.

민팅을 통한 NFT 발행

이처럼 민팅을 통해 NFT가 발행되면 여기에 참여했거나 이를 산 주체가 해당 토큰을 소유할 수 있고 암호화폐를 보관하는 것처럼 전자지갑 등에 보관이 가능합니다. 다만 이는 어디까지나 NFT로 발행된 디지털 자산을 가질 수 있다는 것이지 NFT의 기초가

용어 설명

ERC-20
현재 가장 많이 쓰이며 대중적인 ERC 표준이다. 대부분의 토큰이 ERC-20 토큰이며, 개발이 쉽고 대부분의 거래소에서도 해당 표준을 지원한다. 해당 표준에서는 다른 스마트 콘트랙트 또는 DApp과 상호작용하기 위해 토큰 콘트랙트가 꼭 수행해야 하는 기능들을 인터페이스로 정의한다.

ERC-721
ERC-721은 수집형 토큰으로 해당 표준으로 만들어진 토큰은 대체할 수 없는 고유성을 지닌다. 주로 토큰 그 자체보다는 게임에 주로 쓰인다.

된 사진이나 예술작품의 소유권이나 저작권을 소유하거나 활용할 수 있다는 것을 의미하지는 않습니다.

예술작품에 대한 권리가 없는 주체라도 이를 민팅해 NFT를 발행하고 타인과 거래할 수 있지만, 해당 예술작품의 NFT를 샀다고 해서 예술작품 그 자체 또는 이를 상업적으로 이용할 수 있는 권리(저작재산권)를 가지는 것은 아닙니다. 예술작품의 소유자가 해당 예술작품을 기초로 추가적인 NFT를 발행해 판매하더라도 이를 막을 수 있는 권리가 없습니다.

한편, 예술작품의 소유자가 직접 해당 예술작품의 NFT를 발행하고 예술작품과 함께 NFT를 판매한다면 이 NFT는 정품보증서와 같은 역할을 할 수 있습니다. 즉, 발행된 NFT는 대체 불가능성을 갖기에 NFT를 통해 해당 예술작품이 위품이 아니라는 점을 쉽게 확인할 수 있는 것입니다.

NFT 발행 과정

NFT를 발행하는 방법은 매우 간단합니다. 다양한 플랫폼에서 NFT의 발행을 지원하고 있는데, '그라운드X'에서 개발한 '크래프터스페이스(KrafterSpace)'를 예로 들면 ① 우선 크래프터스페이스에서 NFT를 보관하기 위한 지갑을 생성한 후 이를 이용해 회원가입을 진행합니다. ② NFT의 대상이 되는 이미지를 준비합니다. 반드시 발행자가 소유권(저작권)을 가지는 이미지일 필요는 없지만, NFT가 실질적인 의미를 가지기 위해서는 본인이 소유한 이미지를 사용해야 합니다. ③ NFT 생성 버튼을 누른 후 준비한 이미지를 업로드하고, 이름을 지정한 후 발행 버튼을 누르면 해당 이미지가 NFT로 발행된 것을 확인할 수 있습니다.

암호화폐 거래소인 업비트에서는 NFT의 발행뿐만 아니라 거래를 위한 플랫폼을 제공합니다. 여기서는 작품의 소유자(저작권자)들이 한정된 개수로 NFT를 판매하고 있고 이더리움을 이용해 거래할 수 있습니다.

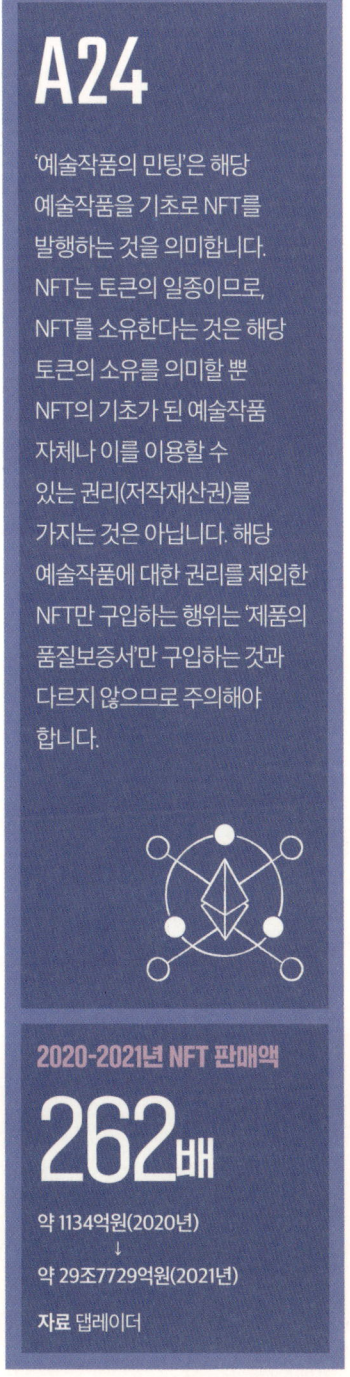

A24

'예술작품의 민팅'은 해당 예술작품을 기초로 NFT를 발행하는 것을 의미합니다. NFT는 토큰의 일종이므로, NFT를 소유한다는 것은 해당 토큰의 소유를 의미할 뿐 NFT의 기초가 된 예술작품 자체나 이를 이용할 수 있는 권리(저작재산권)를 가지는 것은 아닙니다. 해당 예술작품에 대한 권리를 제외한 NFT만 구입하는 행위는 '제품의 품질보증서'만 구입하는 것과 다르지 않으므로 주의해야 합니다.

2020-2021년 NFT 판매액

262배

약 1134억원(2020년)
↓
약 29조7729억원(2021년)

자료 댑레이더

SECTION 2 Question

Q25 NFT 디지털 아트 소장자가 전시회를 여는 등 수익사업을 할 수 있나요?

디지털 아트의 NFT를 발행하는 행위는 이를 기초로 토큰을 발행하는 것을 의미합니다. 단순히 디지털 아트에 대한 NFT만을 소유한 권리자는 토큰 소유자 이상의 권리를 가지지 못하므로, 당연히 NFT의 기초가 된 디지털 아트를 이용한 전시회 등의 수익사업을 할 수 없습니다.

저작권법

NFT 디지털 아트는 저작권법상 저작물에 해당하고, 저작권법은 저작권을 저작인격권과 저작재산권으로 구분한다.

저작인격권 저작자의 일신에 전속하는 권리로서 양도할 수 없다.
공표권, 성명표시권, 동일성유지권

저작재산권 개별적으로 양도 및 이용 허락될 수 있다.
복제권, 공연권, 공중송신권, 전시권, 배포권, 2차적저작물작성권

NFT 디지털 아트의 소장자가 전시회 등의 수익사업을 할 수 있는지는 저작권자로부터 어떤 범위의 이용 허락을 받았는지에 달려있습니다.

NFT 저작권법에 기초한 NFT

저작권법은 저작물을 '인간의 사상 또는 감정을 표현한 창작물'로 정의합니다. NFT 디지털 아트는 토큰에 기초해 구현돼 있다는 특징이 있을 뿐 인간의 사상이나 감정을 표현한 창작물에 해당한다는 점에 있어서는 기존 저작물과 차이가 없습니다. 따라서 NFT 디지털 아트는 저작권법상 저작물에 해당하고, 그 이용 허락의 범위는 저작권법에 기초해 생각해볼 수 있습니다.

저작권법은 저작권을 저작인격권과 저작재산권으로 구분합니다. 그 중 '저작인격권(공표권, 성명표시권, 동일성유지권)'은 저작자의 일신에 전속하는 권리로서 양도할 수 없습니다. NFT 디지털 아트에 대해 필요한 모든 권리를 정당하게 샀다고 하더라도 수익사업 과정에서 저작인격권이 침해되는 상황이 발생하지 않도록 해야 합니다. 저작자의 실명 또는 이명을 저작자의 의사에 따라 표시해야 하고, 저작물의 동일성이 달라질 수 있을 정도의 변형을 가해서는 안 됩니다. 다만 NFT로 발행된 디지털 아트를 샀다면 그 자체로 NFT의 기초가 된 디지털 아트, 즉 저작물이 판매를 위해 대중에게 공표된 것이므로 공표권은 문제 되지 않을 가능성이 큽니다.

'저작재산권'에는 복제권, 공연권(저작물 등을 연주, 상영, 재생 등의 방법으로 공중에게 공개할 수 있는 권리), 공중송신권(저작물을 공중이 수신하거나 접근하게 할 목적으로 무선 또는 유선통신 방법에 따라 송신하거나 이용에 제공할 수 있는 권리), 전시권, 배포권(저작물의 원본 또는 복제물을 공중에게 대가를 받거나 받지 않고 양도 또는 대여할 수 있는 권리), 2차적저작물작성권(원본 저작물을 기초로 한 새로운 저작물을 만들 수 있는 권리) 등이 포함됩니다. 이들 저작재산권은 개별적으로 양도 및 이용 허락될 수 있습니다. 예를 들어 저작권자가 A라는 이용자에게는 공중송신권을, B라는 이용자에게는 전시권을 각각 이용 허락하거나 판매할 수 있습니다.

NFT 디지털 아트로 전시회 열기

NFT로 발행된 디지털 아트를 이용해 전시회를 열고자 한다면 기본적으로 전시권을 구입하거나 전시에 대한 이용 허락을 받아야 합니다. 전시 과정에서 NFT 디지털 아트에 기초한 2차적 저작물을 전시하는 경우 2차적 저작물작성권을 구입하거나 이에 대한 이용 허락도 받아야 합니다.

NFT 디지털 아트의 저작권을 구입한 경우라면, 당연히 전시권 등의 저작재산권에 관한 이용 허락은 받지 않더라도 이를 이용한 전시회를 개최할 수 있습니다. 하지만 저작인격권은 양도 대상이 아니므로, 저작권을 구입했다고 하더라도 저작인격권의 침해는 발생하지 않도록 주의해야 합니다.

'NFT 디지털 아트'는 디지털 아트를 기초로 NFT 토큰을 발행한 것을 말합니다. 따라서, NFT 디지털 아트의 소장자는 토큰 소유자와 동일한 권리를 가질 뿐이므로, NFT의 기초가 된 디지털 아트를 이용한 수익사업을 할 수 없습니다. 수익사업을 위해서는 NFT 토큰의 소장 여부와 별도로 NFT 발행의 기초가 된 디지털 아트에 대한 저작권법상의 저작재산권을 구입하거나 저작권자로부터 필요한 이용 허락을 받아야 합니다.

A25

단순히 디지털 아트에 대한 NFT만을 소유한 권리자는 토큰 소유자 이상의 권리를 가지지 못하므로, 당연히 NFT의 기초가 된 디지털 아트를 이용한 전시회 등의 수익사업을 할 수 없습니다. NFT 디지털 아트의 소장자가 전시회 등의 수익사업을 할 수 있는지는 저작권자로부터 어떤 범위의 이용 허락을 받았는지에 달려있습니다.

비플의 NFT 디지털 아트
'에브리데이즈: 첫 5000일(Everydays-The First 5000 Days)'. 크리스티 경매소에서 6930만달러에 낙찰됐다. 2021년 거래된 NFT 중 최고가다.

SECTION 2 Question

Q26 NFT로 돈을 버는 게임이 있다는데 우리나라에서도 가능한가요?

메타버스의 시대가 도래하면서 메타버스의 원조 격인 게임산업에서는 다양한 시도가 이뤄지고 있습니다. 대표적인 것이 바로 게임 아이템 또는 캐릭터와 연관된 대체불가능토큰(NFT) 및 이에 대한 보상입니다. 단지 승리를 위해 게임을 하는 것이 아니라 재화나 성과를 얻기 위해 게임을 하는 트렌드가 NFT와 맞물려 주목받고 있습니다.

기존 게임 아이템 거래	VS	P2E 게임 아이템 거래
아이템 소유권은 게임사가 보유		아이템 소유권은 유저가 보유
아이템은 게임 안에서만 사용 (게임 서비스가 종료되면 아이템도 삭제됨)		아이템을 게임 밖으로 가져갈 수 있음 (게임 서비스가 종료돼도 해당 NFT는 유지됨)
이용권리 양도 개념의 거래		소유권 판매 개념의 거래

혹자는 "사느냐 죽느냐, 그것이 문제로다(To be or not to be, that is the question)"라는 유명한 햄릿의 독백에 빗대어 "게임으로 승리하느냐 버느냐, 그것이 문제로다(Play to Win or Play to Earn, that is the question)"라고 표현하기도 합니다. 이런 P2E 게임의 트렌드가 현재 세계적으로 확장되고 있습니다. 다양한 NFT 기반 게임이 활성화돼 게임을 진행하면서 코인이나 토큰 등 재화를 얻을 수 있는 P2E 구조가 블록체인 산업의 성장을 이끌고 있습니다. 이러한 P2E 게임이 한국에서도 가능할까요?

사행성 우려로 제동이 걸린 P2E 게임

결론부터 말하면, 현재 규제당국의 입장으로는 가능하지 않을 것으로 보입니다. 그 이유를 알기 위해서는 현행 게임산업진흥에 관한 법률(이하 게임산업법)의 내용과 규제당국인 게임물관리위원회의 입장을 살펴봐야 합니다. 게임산업법은 게임물의 윤리성 및 공공성을 확보하고 사행심 유발 또는 조장을 방지하며 청소년을 보호하고 불법 게임물의 유통을 방지하기 위해 게임물관리위원회를 두어 등급 분류 등의 업무를 담당하도록 하고 있습니다. 또한 게임산업법은 게임물을 유통시키거나 이용에 제공하게 할 목적으로 게임물을 제작 또는 배급하고자 하는 자는 해당 게임물을 제작 또는 배급하기 전에 그 게임물의 내용에 관

NFT를 통한 환전 가능성에 대한 우려

게임산업법은 게임물 관련 사업자는 게임물을 이용해 도박 그 밖의 사행행위를 하게 하거나 이를 하도록 내버려 두지 않아야 하고, 경품 등을 제공해 사행성을 조장하지 아니해야 하며, 누구든지 게임물의 이용을 통해 획득한 유·무형의 결과물(점수, 경품, 게임 내에서 사용되는 가상의 화폐 등)을 환전 또는 환전 알선하거나 재매입을 업으로 하는 행위를 해서는 안 된다고 규정하고 있습니다.

또한 게임산업법 시행령은 환전 금지 대상 중 하나로서 대통령령으로 정하는 게임머니 등을 규정하고 있는데, '게임물을 이용해 업으로 게임머니 또는 게임 아이템 등을 생산·획득하는 등 게임물의 비정상적인 이용을 통해 생산·획득한 게임머니 또는 게임 아이템 등의 데이터'를 환전 금지 대상으로 규정하고 있습니다.

관련 법률을 살펴보면 게임 이용자가 개인적인 일상생활의 일환으로 게임을 하고 게임 아이템 등을 획득하는 경우 게임산업법 시행령의 적용 대상이 되지 않을 가능성도 있지만, 현재 게임물관리위원회는 NFT를 통한 환전 가능성에 대해 사행성이 높다는 입장이므로 게임물관리위원회의 입장이 변경되지 않는 한 한국에서 P2E 게임은 등급 분류 자체가 어려워 사실상 국내에서 서비스될 수 없는 상황입니다.

해 등급 분류를 받도록 규정하고 있습니다. 즉, 모든 게임물은 등급 분류가 이뤄져야 일반인을 대상으로 서비스가 제공될 수 있습니다.

그런데 게임물관리위원회는 게임아이템과 캐릭터를 블록체인 네트워크상 NFT화 하는 게임에 대해서는 게임에 적용된 블록체인 NFT가 자칫 과도한 사행성으로 이어질 수 있다고 우려해 등급 분류를 거부 또는 취소하고 있습니다. 게임물관리위원회는 NFT 형태로 가상자산화한 아이템은 소유권 자체가 게임사가 아닌 이용자로 귀속되는데, 이에 따라 아이템을 게임 외부에서 자유롭게 거래할 수 있어 거래소 활성화 시 사행적으로 이용될 우려가 높다는 입장을 취하고 있습니다.

결론부터 말하면, 현재 규제당국의 입장으로는 가능하지 않을 것으로 보입니다.
모든 게임물은 등급 분류가 이뤄져야 일반인을 대상으로 서비스가 제공될 수 있습니다. 그런데 등급 분류와 관련해 게임물관리위원회는 게임아이템과 캐릭터를 블록체인 네트워크상 NFT화 하는 게임에 대해서는 게임에 적용된 블록체인 NFT가 자칫 과도한 사행성으로 이어질 수 있다고 우려해 등급 분류를 거부 또는 취소하고 있습니다.

32종

게임물관리위원회가 적발한 국내에 유통된 P2E·NFT 모바일 게임 수
※ 2022년 6월 기준
자료 이상헌 더불어민주당 의원실

SECTION 2 Question

Q27 누구나, 어떤 것이든 NFT로 만들어도 되나요?

대체불가능토큰(NFT)에 열광해서 모든 것을 다 NFT로 만들고 그것을 거래한다면 어떠한 법적 문제가 발생할까요?

용어 설명

부정경쟁행위
우리나라의 '부정경쟁방지 및 영업비밀보호에 관한 법률' 제2조는 부정경쟁행위의 유형을 한정적으로 열거하고 있으며, 상품 주체 혼동행위, 영업 주체 혼동행위, 원산지 허위표시 행위, 출처지 오인 유발행위, 상품 질량 오인 야기 행위 등이 이에 해당한다.

NFT와 관련해 법적 분쟁이 발생할 가능성이 있는 문제로는 NFT를 이용한 자금세탁위험, NFT의 기초자산(미디어 데이터)의 안전성 확보, NFT 미디어 데이터의 저작권 및 부정경쟁(퍼블리시티권 침해 포함), NFT 마켓플레이스 등 플랫폼 운영 관련 문제 등을 들 수 있습니다.

NFT와 관련한 법적 분쟁 이슈

이 중 사업자 관점에서 가장 중요한 것은 '특정 금융거래정보의 보고 및 이용 등에 관한 법률'(이하 특금법) 적용 여부입니다. 특금법은 가상자산을 규율하는데 NFT가 특금법상 가상자산에 해당하고 사업자 역시 가상자산 사업자에 해당할 경우 정보보호 인증 획득 등 일정 사항에 대한 신고 의무, 은행에서 실명 확인을 거친 계좌를 통해서만 거래하는 실명 계정 확보 의무, 의심 거래 보고 및 고객 현금거래 보고 등 자금 세탁방지 의무와 같은 특금법의 적용을 받게 됩니다.

반면 NFT를 만들고 거래하는 거래 당사자로서는 NFT에 대한 저작권이 가장 중요한 법적 문제일 것입니다. 즉, NFT를 오프라인 또는 온라인의 원본 자산과 연계하는 경우 NFT 발행 과정에서 원본 자산에 대해 권리 없는 자가 정당한 권리자의 허락 없이 원본 자산을 민팅해 NFT화 한 후 이를 거래할 때, NFT 미디어 데이터가 원본 자산의 복제권, 전송권, 이차적 저작물작성권 등을 침해하는 문제가 발생할 수 있습니다.

NFT에 대한 권리는 원본 자산에 대한 권리와 일치하는 것이 아닙니다. 또한 원본 자산의 저작권은 원본 자산에 대한 소유권과는 별도의 권리로서, 원본 자산의 소유권자가 아니라 원본 자산을 만들어 낸 창작자에게 귀속됩니다.

이러한 점에서 누구든지 NFT를 만들 수 있다 하더라도 NFT 원본 자산에 대한 저작권을 확보하지 않는다면 저작권 침해 문제가 발생할 수밖에 없습니다. 만일 유명인의 초상이나 음성, 서명 등을 민팅 대상으로 할 경우 '부정경쟁방지 및 영업비밀보호에 관한 법률'상 새로 도입된 퍼블리시티권 침해에 해당할 가능성도 있습니다.

NFT 거래 플랫폼에서의 권리 규정

NFT에 대한 권리와 관련해 NFT 거래 플랫폼에서 사용하는 약관 역시 주의 깊게 확인할 필요가 있습니다. NFT 거래 플랫폼에서 NFT 구입자에게 어떤 권리를 부여하는지는 약관 규정에 의해 결정되는데, 의외로 NFT 구입자에게 NFT 소유권이나 저작권을 양도하는 것으로 규정하지 않고 NFT 이용권만 허락하는 경우가 많이 있습니다.

결국 NFT 소유권 이전은 원본 자산의 저작권 양도 또는 이용 허락 등을 보장하지 않으므로, NFT 거래 플랫폼에서는 주무관청 주도 하의 NFT 거래 관련 종합 가이드라인 또는 표준약관 도입 여부 등을 지켜보면서 NFT의 저작권자로부터 저작권을 양도 받거나 이용허락을 받을 수 있는 체계적 시스템을 구축하고, 이용약관 등을 통해 이용자(구매자)에게 이전되는 권리를 명확히 할 필요가 있습니다.

더불어 NFT 거래 플랫폼이 민팅에 관여하지 않고 거래를 위한 플랫폼만 제공하는 경우 NFT 거래 플랫폼이 위와 같이 저작권 침해가 문제 되는 NFT의 유통과 관련해서 어떠한 책임을 져야 하는지도 쟁점입니다.

저작권법의 관점에서만 본다면 NFT 거래를 주도하지 않고 단순히 거래 플랫폼만 제공한다는 이유로 해당 플랫폼 업체를 저작권과 관련된 다른 특수한 유형의 온라인서비스 제공자와 다르게 평가할 수는 없어 보입니다.

A27

저작권법의 관점에서만 본다면 저작권의 대상인 원본 자산의 저작권을 침해하는 것으로 평가되는 NFT 거래를 주도하지 않고 단순히 거래 플랫폼만 제공한다는 이유로 해당 플랫폼 업체를 저작권과 관련된 다른 특수한 유형의 온라인서비스 제공자와 다르게 평가할 수는 없어 보입니다. 다만, NFT 및 메타버스와 관련해서 윤석열 정부에서 이를 규율하는 별도 입법이 진행될 것이므로 결국 이 문제는 입법적으로 해결될 전망입니다.

2021년 NFT 시장 규모

32조원

자료 체이널리시스

Q28 NFT를 가상자산으로 구입하거나 판매할 수 있나요?

NFT는 그 발행 형태를 기준으로 게임 아이템, NFT 아트, 증권형 NFT, 결제 수단형 NFT, 실물형 NFT로 분류할 수 있습니다. 증권형 NFT, 결제 수단형 NFT의 경우 새로운 금융시스템인 탈중앙화를 뜻하는 디파이(DeFi)와 결합한 서비스나 NFT 담보, 자산관리 등을 들 수 있습니다. 이 경우 NFT 자체가 거래 목적이라고 보기 어렵습니다. 실물형 NFT의 경우도 동산, 한정판 굿즈, 명품 등 현실 세계에서 희소성이 높은 자산을 NFT화 해 소유권을 증명하는 서비스를 제공하는 것으로서 NFT 자체가 거래 목적이라고 보기 어렵습니다.

게임 아이템과 NFT 아트 정도가 NFT 자체를 거래 대상으로 하는 것으로 볼 수 있습니다. 가상자산은 웹 3.0에서 화폐이면서 블록체인을 활용하는 NFT 거래내역을 계산해 주는 것에 대한 보상으로 사용됩니다. 당장 NFT를 민팅하고 판매할 때 소요되는 전송 수수료(Gas Fee)가 바로 블록체인 참여자의 계산에 지급되는 보상으로서 가상자산으로 지급됩니다.

현재 가상자산을 사용해 아이템을 만들고 구매하고 거래하는 P2E 게임은 사행성을 이유로 등급 분류가 되지 않으므로 가상자산을 이용한 게임 관련 NFT 거래는 어렵습니다. 하지만 메타버스 영역까지 확대해 보면 디센트럴랜드, 더샌드박스, 업랜드가 가장 대표적인 블록체인 기반 메타버스 게임 플랫폼인데 여기서는 다양한 NFT가 가상자산을 사용해 거래됩니다.

가상자산으로 NFT 거래가 가능한 게임 플랫폼

디센트럴랜드는 게임의 가상공간 내에서 토지의 소유권을 NFT로 기록하고 구매 또는 판매할 수 있는 서비스를 제공하며 거래 시 디센트럴랜드의 암호화폐인 MANA를 사용합니다. 더샌드박스는 유저들이 게임 내 가상공간과 아이템을 NFT로 제작해 소유권을 확보할 수 있으며 거래 시 더샌드박스 암호화폐인 SAND를 사용합니다. 업랜드는 가상의 부동산시장 게임 서비스입니다. 현실에 실재하는 주소를

NFT 거래가능한 암호화폐

NFT 자체를 거래 대상으로 삼는 분야	플랫폼	플랫폼에서 사용하는 암호화폐
게임 아이템	디센트럴랜드	MANA
	더샌드박스	SAND
	업랜드	UPX
NFT 아트	오픈씨	이더리움, 폴리곤, 클레이튼
	솔라나아트, 솔씨, 디지털아이즈	솔라나
	그라운드 X	클레이튼

A28

게임 아이템과 NFT 아트 정도가 NFT 자체를 거래 대상으로 하는 것으로 볼 수 있습니다. 메타버스 게임 플랫폼에서는 다양한 NFT가 가상자산을 사용해 거래됩니다. NFT 아트와 관련해서는 작품 거래플랫폼에 따라 NFT 거래를 위해 사용 가능한 가상자산의 종류가 달라집니다. 거래플랫폼을 이용해서 NFT를 만들어 판매하거나 사는 것 모두 가능합니다. 이때 블록체인에 따라 판매나 구매가 가능한 NFT 및 사용할 수 있는 가상자산이 달라지고, 민팅과 리스팅을 위한 비용도 달라집니다.

오픈씨 월간 거래 금액

- 2021년 1월: 700만
- 8월: 34억 1000만
- 2022년 1월: 58억 5600만

단위 달러
자료 튠애널리틱스

바탕으로 가상의 부동산 증서를 NFT로 만들어 거래하며 거래 시 업랜드의 암호화폐인 UPX를 사용합니다. 국내 메타버스 플랫폼 중 사용자가 가장 많고 널리 알려진 제페토에서는 직접 콘텐츠를 생산하고 유통하는 크리에이터 이코노미가 구축돼 거래가 활발합니다. 아직 NFT 거래를 위해 가상자산이 사용되지는 않았지만, 결국 그러한 방향으로 사업이 진행될 것으로 보입니다.

가상자산으로 NFT 아트 거래가 가능한 플랫폼

NFT 아트와 관련해서는 작품 거래플랫폼에 따라 NFT 거래를 위해 사용 가능한 가상자산의 종류가 달라집니다. 거래플랫폼 중에서 가장 사용자가 많은 곳이 오픈씨(OpenSea)입니다. 여기서 거래하려면 디지털 지갑이 필요하며, 매타마스크가 가장 보편적으로 사용됩니다. 보통 매타마스크를 선택해서 오픈씨 계정을 만들고, NFT 구매 또는 판매 시에 내 컬렉션에서 이더리움, 폴리곤 중 블록체인 선택이 가능합니다. 오픈씨에서 클레이튼을 사용하고 싶다면 디지털 지갑 자체를 카이카스로 사용해야 합니다. 그 외 솔라나를 통해 NFT를 구매할 수도 있습니다. 이러한 거래플랫폼은 솔라나아트, 솔씨, 디지털아이즈가 있고, 이를 위해서는 팬텀이라는 디지털 지갑을 별도로 만들어야 합니다. 국내에서는 클레이튼을 사용하는 그라운드X의 클립드롭스가 있습니다.

거래플랫폼을 이용해서 NFT를 만들어 판매하거나 사는 것 모두 가능합니다. 이때 블록체인에 따라 판매나 구매가 가능한 NFT 및 사용할 수 있는 가상자산이 달라지고, 민팅과 리스팅을 위한 비용도 달라집니다. 또한 국내 4대 거래소에서 거래되는 가상자산을 오픈씨와 같은 거래플랫폼에서 사용하기 위해서는 디지털 지갑 내에서 플랫폼에 사용되는 가상자산과 국내 거래소 가상자산 간 교환이 필요하며, 이러한 교환에도 별도 비용이 들어갑니다.

SECTION 2　Question

Q29 코인과 토큰은 같은 것인가요?

디지털자산 시장에서 '코인(Coin)'과 '토큰(Token)'을 혼용해서 쓰는 경우가 많습니다. 실례로 "금리 인상, 긴축 우려로 코인 시장이 급락을 거듭하고 있다"거나, "게임하면서 돈을 버는 비즈니스 모델인 P2E와 같은 토큰 이코노미가 각광 받고 있다"는 말을 언론에서 흔히 접할 수 있습니다.

코인과 토큰

코인과 토큰은 구분되는 개념이다. 코인과 토큰은 둘 다 디지털자산으로 블록체인 기반이라는 공통점이 있지만, 메인넷의 유무에 따라 여러 가지 차이가 있다.

코인 메인넷이 존재한다. 비트코인, 이더리움, 퀀텀, 스팀, 넴 등이 속한다.
토큰 메인넷이 존재하지 않아 네트워크를 빌려 사용한다. 샌드박스, 트론 등이 속한다.

그렇다면 코인과 토큰은 서로 바꿔 써도 무방한 것일까요?

코인과 토큰 비교

코인은 국가로, 토큰은 그 국가에 속한 도시로 비유할 수 있습니다. 국가의 3요소로 흔히 국민, 영토, 주권이 있어야 한다고 하는데, 도시는 국민에 상응하는 시민과 영토에 상응하는 시역(市域)이 있지만 '주권'은 없습니다. '주권'은 대내적으로는 다른 나라의 간섭 없이 자신의 나라와 관련된 중요한 일을 스스로 결정할 수 있는 권리이고 대외적으로는 다른 나라에 대해 나라의 독립을 주장하는 권리를 말하는데, 가상자산에 있어서는 '메인넷'(Mainnet)이 이에 해당한다고 볼 수 있습니다.

코인은 독자적인 처리 체계인 메인넷을 갖추고 그에 기반해 발행되는 가상자산을 의미합니다. 우리가 잘 알고 있는 비트코인이나 이더리움이 이에 속합니다. 토큰은 메인넷을 갖추지 못한 채 다른 메인넷 코인의 메인넷을 이용하는 가상자산을 의미합니다. 현재 시장에서는 이더리움 메인넷 계열의 ERC-20 기반 토큰이 가장 흔합니다.

구분의 핵심은 메인넷 유무

결국 둘을 구분하는 핵심인 '메인넷'을 이해하는 것이 가장 중요합니다. 메인넷은 아직은 법률에서 정의되지 않았지만 흔히 '가상자산을 생성하거나 디앱(Decentralized Application)을

A29

코인은 국가로, 토큰은 그 국가에 속한 도시로 비유할 수 있습니다. 국가의 3요소로 흔히 국민, 영토, 주권이 있어야 한다고 하는데, 도시는 국민에 상응하는 시민과 영토에 상응하는 시역(市域)이 있지만 '주권'은 없습니다. '주권'은 대내적으로는 다른 나라의 간섭 없이 자신의 나라와 관련된 중요한 일을 스스로 결정할 수 있는 권리이고 대외적으로는 다른 나라에 대해 나라의 독립을 주장하는 권리를 말하는데, 가상자산에 있어서는 '메인넷'(Mainnet)이 이에 해당한다고 볼 수 있습니다.

메인넷
토큰과 코인을 구분하는 핵심은 '메인넷'의 존재 여부. 메인넷이 구축돼 있으면 코인, 메인넷이 없으면 토큰이다.

테스트넷
테스트넷은 실제 블록체인 네트워크에 적용하기 전에 테스트하는 시스템 환경으로, 메인넷과 유사한 구조를 지닌 임시 네트워크다.

만들 수 있도록 하는 기반을 제공하는 독자적인 블록체인 네트워크 시스템 내지 생태계로 설명됩니다. 탈중앙화된 애플리케이션인 디앱이 만들어질 수 있는 가상공간이라는 측면에서 메인넷은 구글 안드로이드, 애플 iOS와 같은 스마트폰 생태계로 이해하면 됩니다. 안드로이드, iOS와 같은 시스템·생태계를 갖추는 것이 매우 어려운 것처럼 제대로 된 '메인넷'을 만들기도 무척 어렵기 때문에 코인은 토큰에 비해 그 숫자가 적을 수밖에 없습니다. 최근에 메인넷을 만들 기술적 기반이 없음에도 비트코인이나 이더리움 소스를 기반으로 메인넷을 홍보하는 사업자가 늘고 있는데 투자자로서는 메인넷 관련 사항을 확인해 향후 있을지 모르는 위험에 대비해야 합니다.

한편 테스트넷(Testnet)은 실제 블록체인 네트워크에 적용하기 전에 테스트하는 시스템 환경으로 메인넷과 유사한 구조를 지닌 임시 네트워크로 볼 수 있습니다. 싱가포르와 같이 도시가 성장해 독립적인 국가가 된 것처럼 토큰도 메인넷을 갖추면 코인이 될 수 있습니다. 예를 들면, EOS는 2017년에 이더리움을 기반으로 개발이 됐다가 2018년 6월 10일 이더리움에서 벗어나 자체 메인넷인 EOSiO를 오픈해 토큰에서 코인으로 변신했습니다. 토큰이 메인넷을 갖지 못해 코인보다 투자 가치가 떨어지는 가상자산으로 생각할 수도 있지만 반드시 그런 것은 아닙니다. 토큰은 코인에 비해 여러 가지 수요에 대응할 수 있는 효용을 제공할 수 있는 장점이 있습니다. 대표적인 것이 최근 각광 받고 있는 NFT입니다. NFT도 코인과 같이 블록체인 기술을 활용하지만 디지털 자산에 별도의 고유한 인식 값을 부여해서 상호교환이 불가능하게 해 희소성을 특징으로 부가가치를 창출하는 특징이 있습니다. 코인과 토큰은 둘 다 디지털자산으로 블록체인 기반이라는 공통점이 있지만, 메인넷의 유무에 따른 여러 가지 차이가 있습니다. 둘을 구별하는 것은 가상자산 투자자라면 반드시 알아야 할 상식입니다.

SECTION 2 Question

Q30 증권형토큰 발행 (STO)이란 무엇인가요?

증권형토큰(Security Token)은 분산원장 기술(Distributed Ledger Technology, DLT)을 기반으로 하는 다양한 토큰 유형 중 증권의 속성을 가진 것을 뜻합니다. 디지털자산의 측면에서 보면 증권형토큰은(자본시장과 금융투자업에 관한 법률)증권법에 따른 규제를 받는 분산원장 기술 기반 증권의 전자적 증표로 주식, 채권, 부동산 등의 실물자산 기반의 증권형토큰과 디지털 기반 증권형토큰으로 크게 구분됩니다.

증권형 토큰 발행

블록체인상에서 증권의 성질을 가지는 디지털권리증(Token)의 판매 권유 행위. 분산원장 기술에 기반한 일종의 자금조달 행위로, 증권거래의 효율성을 높일 수 있다고 평가된다.

첫째, 기존 IPO(Initial Public Offering)에 비해 최대 40% 저렴한 비용으로 자금 조달이 가능하다.
둘째, 스마트 콘트랙트 기능을 통해 증권 발행 과정의 투명성이 제고되고 비용이 절감될 것으로 기대된다.
셋째, 작은 화폐단위로 분할 결제가 가능해 고가의 부동산, 예술 작품 등에 대한 투자 접근성 확대가 예상된다.

증권형토큰을 활용한 자금조달을 증권형토큰 발행(Security Token Offering, STO)이라고 할 수 있습니다. 구체적으로 살펴보면 블록체인상에서 증권의 성질을 가지는 디지털권리증(Token)의 판매 권유(Offering) 행위를 의미합니다. STO는 비교적 최근에 기업의 새로운 자금조달 수단으로 주목받고 있습니다.

STO의 특징

증권형토큰은 분산원장 기술을 이용해 기존 증권 거래의 취약점을 개선하는 등 증권거래의 효율성을 높일 수 있다고 평가됩니다. 증권형토큰 발행을 통해 기존 IPO(Initial Public Offering)에 비해 최대 40% 저렴한 비용으로 자금 조달이 가능합니다. 또한, 스마트 콘트랙트 기능을 통한 컴플라이언스(공시, 보고, 확인 절차 등) 자동화를 통해 증권 발행 과정의 투명성이 제고되고 비용이 절감될 것으로 기대됩니다. 아울러 작은 화폐단위로 분할 결제가 가능해 고가의 부동산, 예술 작품 등에 대한 투자 접근성 확대가 예상됩니다. 그러나 분산원장 기술의 보안성에 대한 우려가 완전히 불식됐다고 보기는 어려우며 실시간 가격 파악과 고빈도 매매에 부적합하다고 평가됩니다.

사라진 ICO 방식의 자금조달

분산원장 기술상에서 토큰 발행을 통한 자금조달 방법으로 처음 시도된 것은 암호화폐를 이용한 자금조달 방법인 ICO(Initial Coin Offering)입니다. ICO는 사업자금을 조달하려는 주체가 신규 암호화폐를 발행하고 투자자로부터 비트코인, 이더와 같은 시가총액이 크고 유동성이 높은 암호화폐를 투자 받아 자금을 조달하는 방법입니다. 그러나 법규제를 마련하기에 앞서 ICO 시장이 급격히 확대됨에 따라 암호화폐 투자자가 가지게 되는 권리와 발행자의 의무에 관한 해석에 모호한 점이 많았습니다. 결국 계약 불이행과 발행 주체의 파산 등 사기 사건이 잇따르자 각국에서 ICO에 대한 규제 강화에 나섰습니다. 2018년 중반을 정점으로 ICO의 발행은 많이 감소했고, 2019년부터는 ICO 방식의 자금조달 방법이 거의 사라지게 됐습니다. v2

STO 하위 테스트

미국에서는 토큰이 증권으로 간주됐을 경우 기존의 증권 규제를 적용하고 있습니다. 미국에서는 STO를 통해 발행된 디지털자산이 증권에 해당하는지 여부를 '하위 테스트(Howey Test)'를 통해 판단하고 있습니다. 하위 테스트란 어떤 거래가 증권거래를 통한 투자계약인지 여부를 판단하는 테스트입니다. 오렌지 과수원 구획 판매를 둘러싼 하위(Howey) 사건 판례에 근거한 것인데 ① 금전 투자일 것 ② 공동사업에 대한 출자일 것 ③ 투자의 성패가 타인의 노력에 의해 이뤄질 것 ④ 이익을 얻을 수 있다는 합리적 기대가 존재할 것 등을 판단기준으로 제시하고 있습니다. v3

최근 한 언론보도에 따르면 금융위원회 자본시장조사단이 증권형토큰에 대한 조사를 진행 중입니다. 자본시장조사단은 증권형토큰 관련 활동에 대해서 모니터링 해오다가 최근 금융위원회가 조각투자와 관련해 투자계약증권의 개념을 명확히 한 이후 조사에 본격 착수했다고 합니다. 이와 같이 증권형토큰은 현재의 증권 관련 규제가 적용된다고 볼 수 있습니다. 업계, 학계, 유관기관 등에서 규제 방안(입법적 수용 방안) 등에 대해 다양한 논의를 이어가고 있으므로, 향후 논의 동향 및 입법적 정비 등을 잘 살펴볼 필요가 있습니다.

A30

증권형토큰을 활용한 자금조달을 증권형토큰 발행(Security Token Offering, STO)이라고 할 수 있습니다. 구체적으로 살펴보면, 블록체인상에서 증권의 성질을 가지는 디지털권리증(Token)의 판매 권유(Offering) 행위를 의미합니다.

▼
1. 금융투자협회, 미국 증권형토큰 시장동향 및 정책 논의
2-3. 금융브리프, 증권형토큰 발행(STO) 시장의 동향과 미국의 관련 규제 동향, 31권09호.

36.7억달러
글로벌 증권형토큰 시장 시가총액
※ 2022년 1월 기준

119조원
전 세계 주식 시장 시가총액
※ 2021년 12월 기준

글로벌 증권형토큰 시장은 전 세계 주식 시장 규모의 10만분의 3에 불과하나, 글로벌 증권형토큰 시가총액만을 두고 보면 2021년 연초대비 약 6배에 가까운 성장을 기록했다. **자료** 한국금융원

SECTION 2 Question

Q31 NFT가 탄소배출권의 대안이 될 수 있나요?

ESG 강화 추세와 함께 탄소배출을 줄이는 것이 전 세계적 흐름으로 대두한 가운데 NFT가 탄소배출권과 관련해 어떠한 기여를 할 수 있을지에도 관심이 모이고 있습니다. 이 질문에 답하기 위해서는 우선 배출권거래에 관한 법률과 그 관련 시장의 모습, 거래 상황 등을 살펴봐야 합니다.

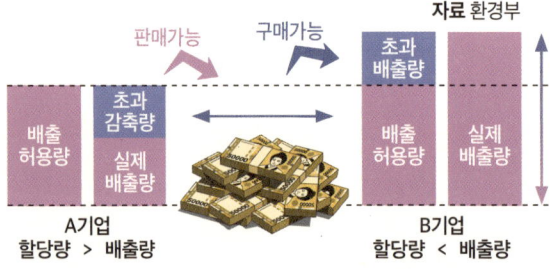

자료 환경부

용어 설명

탄소배출권
지구온난화 유발 및 이를 가중시키는 온실가스를 배출할 수 있는 권리로, 배출권을 할당받은 기업들은 의무적으로 할당 범위 내에서 온실가스를 사용해야 한다. 남거나 부족한 배출권은 시장에서 거래할 수 있다. 교토의정서 가입국들은 2012년까지 이산화탄소 배출량을 1990년 대비 평균 5% 정도 감축하기로 했으며, 이를 이행하지 못하는 국가나 기업은 탄소배출권을 외부에서 구입하도록 했다.

탄소배출권 시장은 감축의무의 강제성 여부에 따라 의무가 부여되는 '규제적 시장(Compliance Market)'과 의무 없이 기업·기관·NGO 등이 자율적으로 참여하는 '자발적 시장(Voluntary Market)'으로 구분됩니다. 국내 탄소배출권을 규율하는 법률은 '온실가스 배출권의 할당 및 거래에 관한 법률'(이하 배출권거래법)입니다. 배출권거래법은 탄소배출권의 할당 및 거래 등에 관해 규정하고 있습니다. 배출권거래법상 배출권은 '국가 온실가스 감축 목표'vi를 달성하기 위해 국가 배출권 할당 계획에 따라서 개별 온실가스 배출업체에 할당되는 온실가스 배출허용량을 의미하는데, 배출권은 거래되기도 합니다.

배출권 거래는 할당 대상업체로 지정된 업체들 위주로 배출권(할당), 상쇄배출권(외부사업인정 포함)을 대상으로 하므로, 배출권거래법상의 배출권 시장은 당연히 규제적 시장에 속합니다. 배출권거래법은 이러한 규제적 시장 내 거래소와 거래방법 등을 규정하고 있으나 자발적 시장에 대해서는 특별한 규정을 두고 있지 않습니다.

자발적 시장도
법률상 요건 갖춰야

물론 자발적 시장도 그 거래 대상이 되는 배출권이 배출권거래법상 배출권으로서 인정받기 위해서는 법률상 요건을 갖추어야 합니다. 자발적 시장에서 의무 없는 탄소 감축 주체가 자율적으로 탄소 감축을 한 후 이를 배출권거래법상의 인증이 아닌 자체 인증을 통해 감축 실적으로 정하고 이것을 크레딧(Credit)으로 명칭하면서 거래 대상으로 확정해 거래에 활용한다면, 이는 배출권거래법상 인정되는 배출권 거래에 해당하지 않습니다. 비록 명칭을 '탄소 배출권'이라고 하더라도 자발적 시장에서 자체적 기준에 의해 확정 후 거래되는 크레딧은 배출권거래법의 법률요건을 갖출 필요가 없이 거래 당사자들 자체의 규율을 따르면 됩니다.

자발적 시장에서 거래되는 크레딧의 경우 특정 기업 또는 기업집단, 아니면 자발적 조합 등 크레딧 거래에 참여하는 자들이 인정하는 자체 인증을 거친 후 민팅을 통해 NFT화한 후 거래할 수도 있습니다. 이때의 NFT는 감축 실적 인증 크레딧의 고유한 내용을 담고 크레딧 거래의 편의를 위한 거래 증표로 기능하게 될 것입니다.

이러한 크레딧의 NFT는 감축 실적 인증내역이 담긴 크레딧 자체를 민팅한 것이므로 대체 불가능한 성질을 지니고, 그 목적 역시 결제 또는 투자가 아닌 수집이나 인증(증명)에 가깝습니다. 따라서 '특정 금융거래정보의 보관 및 이용 등에 관한 법률'(이하 특금법)상 가상자산에 해당할 가능성이 적고, NFT를 만드는 주체나 거래 플랫폼 모두에게 해당 NFT가 특금법상 규율 대상이 될 수도 있다는 부담감을 덜어주게 될 것입니다.

NFT 통해 탄소배출권 거래 활성화 되면 규제 가능성 커

그러나 NFT에 민팅된 감축 실적 인증 크레딧이 자발적 탄소 감축 실적으로서 시세가 형성되고 투자가 활발히 이뤄지는 단계가 된다면 이러한 NFT를 단순히 감축 실적을 나타내는 인증 용도라고 보기에 어려운 상황이 될 수도 있습니다. 이 경우 NFT는 민팅된 실적의 인증을 넘어서 단위화된 자산으로서의 성격을 가진다고 볼 수도 있습니다. 즉, 금융당국이 특금법의 대상이 될 수 있다고 평가하는 '가상자산'에 해당할 가능성도 있습니다. 크레딧뿐 아니라 배출권거래법이 규율하는 탄소배출권 역시 이론적으로는 얼마든지 NFT화한 후 거래할 수 있을 것입니다.

결국 NFT를 통해 탄소배출권 거래가 활성화되고, 결제 또는 투자 목적까지 갖게 되면 장기적으로는 특금법상 규제를 받을 가능성이 큽니다.

A31

결국 NFT를 통해 탄소배출권 거래가 활성화될 수 있고, 그 거래가 활발해질 경우 결제 또는 투자 목적까지 갖게 될 수도 있어 장기적으로는 그 NFT가 특금법상 규제를 받을 가능성도 있습니다.

▼

1. 기후위기 대응을 위한 탄소중립·녹색성장 기본법 제8조는 "2030년까지 2018년의 국가 온실가스 배출량 대비 40%를 감축한다"는 '국가 온실가스 감축 목표'를 제시하고 있다.

Compliance Market
규제적 시장
탄소배출 감축 의무가 있는 기업들이 의무적으로 참여하는 시장

Voluntary Market
자발적 시장
기업·기관·NGO 등이 자율적으로 탄소배출권에 참여하는 시장

SECTION 2 Question

Q32 최근 각광받는 NFT는 무엇인가요?

물건 수집을 좋아하는 사람들이 있습니다. 취미생활로 우표나 돈을 모으는 사람들도 있습니다. 요새는 빵을 사면 들어 있는 포켓몬 스티커를 모으는 것도 유행입니다. 그런데 우표, 돈, 포켓몬이라고 해서 무조건 모으는 것은 아닙니다. 소위 한정판을 줄 서서 사는 것처럼 희소가치를 갖는 물건일수록 수집 열풍의 대상이 되기 쉽습니다. 골동품, 고미술품, 책의 초판본, 심지어 잘못 만들어진 동전 등이 수집품 시장에서 인기 있는 이유입니다.

희귀하기 때문에 모조품이 만들어집니다. 한때는 보증서를 붙였지만 기술이 발전하면서 보증서도 위조할 수 있게 됐습니다. 사람들은 위조가 불가능하고, 다른 것과 교환할 수 없는 유일한 것을 기다렸고, 블록체인 기술에 바탕을 둔 NFT를 만들어 이러한 열망을 충족시키게 됐습니다. '대체 불가능'은 NFT의 핵심 키워드입니다. 실제로 NFT 단어 자체가 대체가 불가능한 토큰(Non-Fungible Token)을 말합니다. 원래 NFT는 블록체인이라는 기술에 저장된 데이터를 재는 단위입니다. 토큰마다 고유한 값을 가지고 있으므로 세상에서 유일하다는 고유성과 희소성을 보장받을 수 있습니다. 또한 매회 거래할 때마다 장부에 기록을 남기고, 이는 영구적이므로 소유자가 누구인지 계속 꼬리표처럼 붙어 다니며, 타인이 위조할 수도 없으므로 진품임을 보장받을 수 있습니다.

희소가치는 NFT의 핵심

이러한 특성으로 인해 NFT가 각광받는 영역 중의 하나로 디지털 수집품 시장이 등장했습니다. 토큰은 자체 블록체인을 가지고 있지 않기 때문에 다른 코인의 블록체인을 사용해야 하는데, 현재 대다수 NFT는 개방형 블록체인인 이더리움에 기반하고 있습니다. 이로 인해 이더리움의 가치가 더욱 상승했습니다.

각광받는 NFT를 판단하는 기준은

Punk #5822(CryptoPunks 프로젝트)

2022년 2월, 8000이더리움 (한화 약 300억원)에 판매.

CryptoPunk 5822
One of 9 Alien punks.

자료 크립토펑크

A32

가장 각광받는 NFT를 판단하는 기준은 투자자마다 다를 것입니다. 분기별 수익률을 기준으로 보면 1413배라는 경이적인 기록을 가진 Punk #5822(CryptoPunks 프로젝트), 113배를 기록한 Azuki #9605(Azuki 프로젝트), 44배의 Ape #6694(Bored Ape Yacht Club) 등이 있습니다.

투자자마다 다를 것입니다. 분기별 수익률을 기준으로 보면 1413배라는 경이적인 기록을 가진 Punk #5822(CryptoPunks 프로젝트), 113배를 기록한 Azuki #9605(Azuki 프로젝트), 44배의 Ape #6694(Bored Ape Yacht Club) 등이 있습니다.

수익률은 천차만별

이처럼 수익률만 보면 투자 면에서 위험을 감수해야 한다는 판단을 할 수 있다고 보이지만, 프로젝트 안에서도 희소성에 따라 NFT의 수익률이 천차만별이므로 모든 투자자가 동일한 수익을 가지는 것은 아닙니다. 게다가 코인 시장의 침체로 전반적으로 가상자산 시장에 대한 전망이 밝지는 않습니다.

NFT 마켓 분석 플랫폼인 논펀저블(Non-Fungible)의 시장보고서에 따르면, 2022년 1분기에 거래된 판매량은 전년도 4분기에 비해 47% 감소했습니다. 판매량의 급감은 그간 NFT의 많은 구매자가 기록한 손실에 따른 투기 감소 및 우크라이나 사태 등 국제 정세의 불안과 인플레이션 등 전반적 경제 상황에 대한 우려의 결과라고 볼 수 있습니다.

1. 성덕근, NFT의 현황과 쟁점, 한국법학원 현안 보고서 제2022-01호, 2022.4.29. 1면.

47%감소

2021년 4분기 대비 2022년 1분기 NFT 판매량이 감소했다. 판매량의 급감은 그간 NFT의 많은 구매자가 기록한 손실에 따른 투기 감소 및 우크라이나 사태 등 국제 정세의 불안과 인플레이션 등 전반적 경제 상황에 대한 우려의 결과라고 볼 수 있다. **자료** 논펀저블

Azuki #9605(Azuki 프로젝트)

2022년 3월, 420.7이더리움(한화 약 17억원)에 판매. **자료** 크립토펑크

Ape #6694(Bored Ape Yacht Club)

2022년 1월, 420.69이더리움(한화 약 17억원)에 판매. **자료** 오픈씨

SECTION 2 Question

Q33 블록체인은 왜 안전한가요?

블록체인의 안전성은 블록체인 작동 방식에서 비롯되므로 블록체인이 왜 안전한지를 알려면 블록체인이 어떻게 작동하는지를 알아야 합니다. 그 전에 블록체인은 무엇이고 어떻게 작동하는 걸까요?

블록체인이 안전한 이유

첫째, 블록체인에 기록된 정보는 여러 주체에게 공유돼 있기 때문에 특정 또는 일부가 가진 정보만을 조작한다고 해서 블록체인에 기록된 정보를 변경할 수 없다.

둘째, 블록체인에 기록된 정보를 변경하려면 조작하고자 하는 데이터가 기록된 블록까지 블록체인의 블록들을 역순으로 하나하나 뚫고 들어가 해당 데이터를 변경해야 한다.

셋째, 체인을 만드는 부분에는 해시함수가 사용되기 때문에 블록에 저장된 정보를 조작하는 것이 사실상 불가능하다. 해시함수는 저장된 정보 중 단 한 글자만 바뀌어도, 심지어 점만 찍어도 해시값이 무작위로 달라진다.

넷째, 블록들은 어느 정도의 시간을 두고 새로 만들어진다. 새 블록이 생성되기 전에 블록들을 모두 뚫고 들어가 변경해야 하는 어려움이 있다.

블록체인은 기록을 쓰고 저장하는 저장소, 즉 데이터베이스입니다. 블록체인을 설명하며 장부에 관한 이야기를 많이 하는데 최초의 블록체인인 비트코인 블록체인이 코인을 생성, 전송하는 정보를 담고 있는 장부의 역할을 했기에 장부라는 개념으로 많이들 설명합니다. 하지만 장부도 데이터베이스의 한 종류입니다. 비트코인 블록체인 이후에는 내용뿐만 아니라 의료정보와 같은 다양한 정보까지도 담는 블록체인들이 등장했다는 점에서 블록체인은 데이터베이스라고 보는 것이 맞습니다.

데이터베이스와 다른 블록체인의 특징

블록체인은 우리가 익히 알고 있는 데이터베이스와는 다른 점이 있습니다. 데이터베이스는 특정 주체가 정보를 통제하고 관리하지만, 블록체인은 정보를 여러 주체가 공유합니다. 그리고 데이터베이스는 읽고 쓰고 지우고 수정하는 작업을 자유롭게 할 수 있지만, 블록체인은 지우고 수정하는 작업을 할 수 없을뿐더러 쓰는 작업도 블록을 추가해 '체인'처럼 이어 붙이는 방식으로만 가능합니다.

바로 여기에 블록체인이 왜 안전할 수 있는지에 대한 실마리가 있습니다. 블록체인에 기록된 정보는 여러 주체에게 공유돼 있기 때문에 특정 또는 일부가 가진 정보만을 조작한다고 해서 블록체인에 기록된 정보를 변경할 수 없습니다. 또한 블록체인에 기록되는 정보는 이어 붙이는 방식으로만 추가되기 때문에 기존에 기록된 정보를 변경하려면 조작하고자 하는 데이터가 기록된 블록까지 블록체인의 블록들을 역순으로 하나하나 뚫고 들어가 해당 데이터를 변경해야 합니다.

정보조작이 불가능한 해시함수

여기서 블록과 블록을 이어 붙이는 부분, 즉 체인을 만드는 부분에는 암호화 기술로도 사용되는 해시함수(Hash Function)가 사용되기 때문에 블록에 저장된 정보를 조작하는 것이 사실상 불가능합니다. 해시함수는 블록에 저장되는 정보를 바탕으로 임의의 값을 산출하는 함수입니다. 해시함수가 갖는 재미있는 특징은 저장된 정보 중 단 한 글자만 바꿔도, 심지어 점만 찍어도 해시값이 무작위로 달라진다는 것입니다.

그런데 블록체인의 블록에 기록되는 정보에는 기록하고자 하는 데이터 뿐만 아니라 그 블록 전의 블록에서 산출된 해시값이 같이 포함됩니다. 이처럼 해당 블록이나 이전 블록의 해시값 중 단 한 글자만 조작하더라도 해당 블록의 해시값이 전혀 다른 값으로 변경됩니다. 그리고 이러한 변경은 도미노처럼 그 이후의 블록을 모두 변경시킵니다.

게다가 여기에는 시간제한까지 있습니다. 블록들은 어느 정도의 시간을 두고 계속해서 새로 만들어집니다. 조작을 위해선 새로운 블록이 만들어지기 전까지 블록들을 역순으로 모두 뚫고 들어가 변경해야 합니다. 현재 사용되는 컴퓨터는 슈퍼컴퓨터라 할지라도 연산 속도의 한계로 인해 시간 내에 역순으로 블록들을 뚫고 들어가는 것이 사실상 불가능합니다.

블록체인의 약점 '51% 공격'

그럼에도 실제로 블록체인에 대한 조작을 시도해 공격이 성공한 경우도 있습니다. 대표적으로 '51% 공격'과 같이 악의적인 공격자가 전체 블록체인 네트워크의 50%를 초과하는 막강한 컴퓨팅 연산력을 동원해 다른 정직한 노드들보다 더 빠른 속도로 신규 블록을 생성해 네트워크에 전파함으로써 다른 노드들이 정상적인 데이터가 아니라 위변조된 데이터가 포함된 블록체인을 채택하도록 만드는 해킹 공격이 성공한 것입니다. 그러나 소규모 블록체인이 아니라 다수의 참여자가 블록체인 네트워크에 참여하는 상황에서는 전체 블록체인 네트워크에 참여하는 연산력을 압도하는 엄청난 양의 컴퓨팅 연산력을 동원하기란 현실적으로 불가능에 가깝습니다.

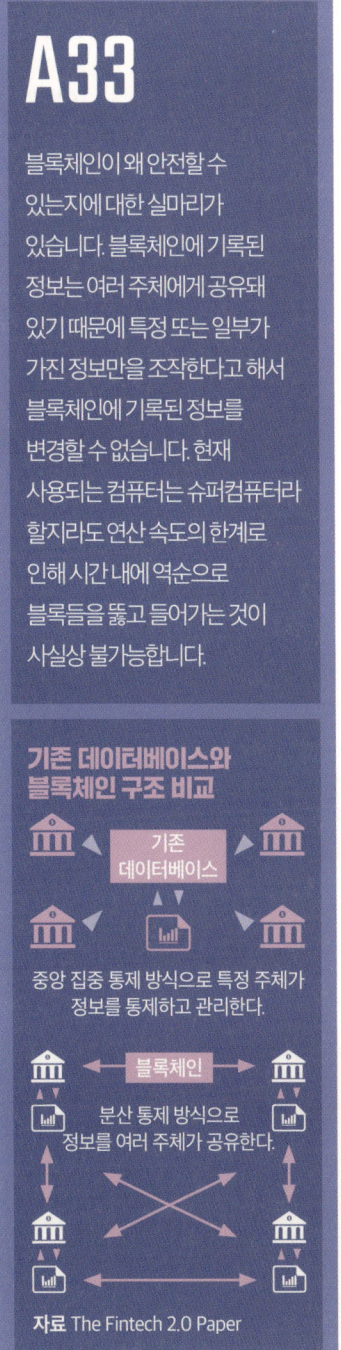

SECTION 2　Question

Q34 블록체인에서 사용되는 합의 알고리즘은 무엇인가요?

블록체인에서는 블록이 네트워크 참여자에게 모두 공유됩니다. 이처럼 특정 주체가 통제, 관리하지 않는 시스템이기에 블록체인을 탈중앙화된 시스템이라고 합니다. 그런데 이처럼 누구도 통제하고 관리하지 않는 데이터베이스에 기록된 정보를 어떻게 신뢰하고 이용할 수 있을까요? 이를 위해 합의 알고리즘이 존재합니다.

합의 알고리즘을 설명하기 전에 한 가지 문제를 생각해봐야 합니다. 세상에는 정직한 사람들만 존재하는 것이 아니기 때문에 블록체인 네트워크의 참여자 중에는 부정직한 행동을 하는 참여자나 악의적인 공격을 시도하는 참여자가 있을 수 있습니다.

또한 블록체인 네트워크는 분산화된 컴퓨터 노드(Node)들로 이뤄져 있는데 이 중 일부 노드에 장애가 생겨 엉뚱한 정보를 주고받는 경우도 생길 수 있습니다. 이러한 문제들을 어떻게 해소할 수 있을까요?

비잔틴 장군의 딜레마와 블록체인

1982년 미국의 컴퓨터 공학자인 레슬리 램포트와 로버트 쇼스탁, 마샬 피스가 발표한 논문에는 이에 관한 고민이 '비잔틴 장군 문제'라는 주제로 담겨 있습니다. 비잔틴 제국의 장군들이 적의 수중에 있는 도시를 공격하려 합니다. 그런데 도시를 함락시키려면 지리적으로 떨어진 위치에 있는 각 장군 휘하의 병력이 한 번에 도시를 공격해야만 함락시킬 수 있습니다. 그렇다면 한날한시에 각 부대는 한마음으로 도시를 공격해야 할 것입니다. 그런데 여기에는 현실적인 어려움이 있습니다. 비잔틴의 장군 중

용어 설명

스테이킹(Staking)
자신이 보유한 암호화폐의 일정한 양을 지분으로 고정시키는 것을 말한다. 자신이 가지고 있는 암호화폐를 블록체인 네트워크에 예치한 뒤, 해당 플랫폼의 운영 및 검증에 참여하고 이에 대한 보상으로 암호화폐를 받는다.

몇몇은 이미 적과 내통하고 있을 수 있고, 정보를 각 부대에 전달하는 전령들이 적의 척후대에게 사로잡혀 언제 공격할지에 관한 정보가 각 부대에 전달되지 못할 수 있습니다.

예를 들어, 10개의 부대가 3일 후 오전 10시에 도시를 총공격하려고 하고 그 명령을 전체 부대에 전달하는 상황을 가정해봅시다. 명령이 첫 번째, 두 번째, 세 번째 부대의 장군들에게는 제대로 전달됐지만, 배신자였던 네 번째 장군은 공격이 실패하도록 이 명령을 4일 후 오후 2시에 공격한다는 내용으로 바꿔 전달하면 다섯 번째, 여섯 번째 장군들은 모두 엉뚱한 명령을 받아 도시 공격은 실패하고 말 것입니다. 이러한 실패를 막고 전체 병력을 잘 지키려면 배신자를 찾아내거나 여러 장군이 한꺼번에 전령을 보내 명령을 대조하는 방법 등을 동원해야 할 것입니다.

여기서 배신자 장군이 몇 명 섞여 있거나 전령이 명령을 전달하다 적에게 잡혀가더라도 전체 병력의 운용에 문제가 없는 상태가 유지되도록 하는 것이 블록체인 네트워크를 정상적으로 유지하는 것과 같습니다. 블록체인 네트워크로 보자면 배신자 장군은 악의적 또는 부정직한 참여자, 전령의 명령 전달 실패는 컴퓨터 노드의 장애에 비유될 수 있을 것입니다. 그렇다면 악의적 참여자가 있거나 노드에서 장애가 발생하더라도 블록체인 네트워크 자체는 이러한 장애를 견뎌내도록 하려면 어떻게 해야 할까요?

다수의 정직한 노드가 제대로 된 정보 전달해야

그것은 참여자들끼리 서로 정보를 교환해 검증하고 어느 것이 맞는 것인지를 합의하는 방식으로 해결할 수 있습니다. 이를 합의 알고리즘이라고 합니다. 합의 알고리즘은 참여자들의 대다수가 정직하고 대다수의 노드는 제대로 된 정보를 전달한다는 전제에 기초하고 있습니다. 블록체인 네트워크에 참여한 참여자나 노드 중에서 일부는 위변조된 화폐를 이용해 지급을 시도하거나, 이중 지급을 시도하려는 등의 잘못된 정보를 네트워크에 전파할 수 있습니다. 그런데도 다수의 정직한 노드가 블록체인의 프로토콜을 충실히 따른다면 전체 네트워크에서 합의된 결론을 도출하고 전체 블록체인 네트워크를 정상적으로 유지할 수 있게 됩니다.

A34

합의 알고리즘은 참여자들의 대다수가 정직하고 대다수의 노드는 제대로 된 정보를 전달한다는 전제에 기초하고 있습니다. 블록체인 네트워크에 참여한 참여자나 노드 중에서 일부는 위변조된 화폐를 이용해 지급을 시도하거나, 이중 지급을 시도하려는 등의 잘못된 정보를 네트워크에 전파할 수 있습니다. 그런데도 다수의 정직한 노드가 블록체인의 프로토콜을 충실히 따른다면 전체 네트워크에서 합의된 결론을 도출하고 전체 블록체인 네트워크를 정상적으로 유지할 수 있게 됩니다.

작업증명 (Proof of Work, PoW)
최초의 블록체인인 비트코인 블록체인에서 사용된 증명 방식

지분증명 (Proof of Stake, PoS)
해당 디지털 자산의 지분을 더 많이 가질수록 그에 비례해 블록에 기록할 권한을 더 많이 부여

SECTION 2 Question

Q35 퍼블릭 체인과 프라이빗 체인은 어떻게 다른가요?

'퍼블릭 체인'이란 '퍼블릭(Public)'이라는 이름에서도 짐작할 수 있듯이 누구나 별다른 제약 없이 참여할 수 있는 블록체인을 말합니다. 비트코인과 이더리움 같은 블록체인이 대표적인 퍼블릭 블록체인입니다. 여기에는 누구나 참여할 수 있습니다. 반면, '프라이빗 체인'은 퍼블릭 블록체인과는 달리 특정 주체에 의해 허가받은 자만이 참여할 수 있는 블록체인을 말합니다.

퍼블릭 블록체인에 기록된 정보는 누구나 열람할 수 있고, 누구나 네트워크에 참여하면 거래 검증 및 승인을 수행할 수 있으며, 누구나 트랜잭션을 생성할 수도 있습니다. 이러한 특징 때문에 퍼블릭 블록체인은 탈중앙화라는 블록체인의 이상향에 부합하는 블록체인 형태입니다.

프라이빗 블록체인에서는 허가된 자(기관)만이 블록체인을 열람할 수 있고, 승인된 기관과 감독 기관만이 거래 검증 및 승인을 할 수 있으며 트랜잭션도 이러한 허가된 자 또는 기관에 의해서만 생성될 수 있습니다. 프라이빗 블록체인은 이러한 통제와 위계 체계가 존재하고 특정 주체에 의한 관리가 이뤄지기 때문에 엄밀한 의미에서 탈중앙화된 시스템이라고 보기는 어렵습니다.

퍼블릭 블록체인과 프라이빗 블록체인의 특징

퍼블릭 블록체인과 프라이빗 블록체인의 공통점은 블록체인이라는 시스템 그 자체에서 도출되는 특징으로, 블록체인 네트워크상의 노드들이 검증되고 분산된 블록(장부)을 서로 공유하고, 네트워크의 정해진 합의에 따라 데이터들을 보관·공유합니다. 몇몇 노드들이 잘못된 정보를 주고받아도 전체 네트워크의 운용에는 지장이 없고, 이미 저장된 블록의 데이터를 변경하는 것은 사실상 불가능에 가깝다는 점입니다.

퍼블릭 블록체인과 프라이빗 블록체인, 하이브리드 블록체인(컨소시엄 블록체인, 더블 체인)

	퍼블릭 블록체인	프라이빗 블록체인	하이브리드 블록체인 (컨소시엄 블록체인, 더블 체인)
성격	개방형	폐쇄형	중립형
참여	누구나 참여	허가된 사용자로 제한	사용자 권한 제한 가능
정보 공개	모든 사람에게 정보 공개 가능	엑세스는 특정 사용자로 제한	일부 공개, 일부 비공개
투명도	전체적으로 공개	엑세스 권한자에게만 공개	소유자의 규칙 설정 방법에 따라 다름
보상	노드 보상 제공	제한적 참여로 보상 어려움	노드 원할 경우 보상 가능
활용	모든 산업에서 활용 가능. 공공프로젝트나 가상자산을 만들기에 유용	작업 흐름을 완전히 제어해야 함으로 조직 블록체인 구현에 적합	사물인터넷, 공공망 등에 사용 가능

암호화폐의 측면에서 보면 퍼블릭 블록체인에서 암호화폐는 블록체인 네트워크의 합의 알고리즘에 참여하는 참여자들에 보상으로 주어지는 성격이 강합니다. 그래서 퍼블릭 블록체인과 암호화폐의 지급은 서로 떼어내 생각하기 어렵습니다. 그러나 프라이빗 블록체인에서는 허가받은 주체들만이 블록체인 운용에 관여하기 때문에 암호화폐가 꼭 필요하지는 않습니다. 해당 프라이빗 블록체인의 참여자들이 컴퓨터 운영 비용을 부담하면 되기 때문에 굳이 암호화폐를 발행할 필요는 없습니다. 다만 운영상의 편의를 위해 암호화폐를 발행하는 방식으로 구성할 수도 있습니다. 프라이빗 블록체인에서 발행되는 암호화폐는 암호화폐 거래소에서 거래하기 어렵기 때문에 프라이빗 블록체인 네트워크 참여자들 사이의 내부 정산이나 서비스 이용 등과 같이 제한적인 목적으로만 사용이 가능합니다.

이외에도 이 둘의 중간적 형태의 블록체인과 이 둘을 결합한 형태의 블록체인도 있습니다. 우선 중간적 형태의 블록체인으로, 동일한 목적이나 가치를 가지고 있는 다수의 기업과 단체들이 하나의 컨소시엄을 구성해 해당 컨소시엄의 구성원들이 블록체인을 운영·관리하는 '컨소시엄 블록체인'이 있습니다. 일례로 2015년 뱅크 오브 아메리카, 웰스 파고, HSBC 등의 주요 은행들이 주축을 이뤄 구성한 컨소시엄에서 '코다'라는 오픈소스 블록체인 프로젝트가 있고, 이 코다 소스를 활용해 만들어진 블록체인 기반 금융 거래 플랫폼으로 마르코 폴로(Marco Polo), 컨투어(Contour) 등이 있습니다.

중간적 형태의 블록체인도

다음으로 퍼블릭 체인과 프라이빗 체인을 결합한 형태의 블록체인으로 '더블 체인'이라는 것이 있습니다. 더블 체인은 퍼블릭 블록체인과 프라이빗 블록체인을 연결한 블록체인으로, 이는 주로 사물인터넷(IoT)에 활용됩니다. 각 가정이나 특정 공간의 사물인터넷에서 나오는 정보나 이를 제어하는 수단에 대해서는 보안과 정보 통제가 필요합니다. 이에 대해서는 프라이빗 블록체인 안에서 운용되게 하고, 사물인터넷 사용 대가의 지급이나 자동화된 결제를 위해서는 다수의 사용자가 이용하는 퍼블릭 블록체인에 연결하는 방식으로 블록체인을 구성해 운용합니다. 여기서 퍼블릭 블록체인은 메인넷이 되고, 프라이빗 블록체인은 퍼블릭 블록체인에 일대다의 구조로 연결됩니다.
이렇게 더블체인을 이용하는 블록체인의 대표적인 예로는 에이치닥(Hdac)이 있습니다. 이들은 서로 다른 기술일 뿐 이 중 어느 것이 더 낫다거나 우수하다는 식으로 비교할 수는 없습니다.

A35

퍼블릭 블록체인에 기록된 정보는 누구나 열람할 수 있고, 누구나 네트워크에 참여하면 거래 검증 및 승인을 수행할 수 있으며, 누구나 트랜잭션을 생성할 수도 있습니다.
프라이빗 블록체인에서는 허가된 자(기관)만이 블록체인을 열람할 수 있고, 승인된 기관과 감독 기관만이 거래 검증 및 승인을 할 수 있으며 트랜잭션도 이러한 허가된 자 또는 기관에 의해서만 생성될 수 있습니다.

SECTION 2 Question

Q36 양자컴퓨터가 실현되면 블록체인도 안전하지 않나요?

블록체인은 블록과 블록을 체인처럼 이어 붙이는데, 여기서 체인을 이어 붙이는 부분에 암호화 기술로 사용되는 해시함수(Hash Function)가 사용됩니다. 앞서 블록체인이 왜 안전한가에 관해 살펴보면서 도미노처럼 연결된 블록체인 중 특정 블록에 기록된 내용을 변경하려면 일정 시간 안에, 다음 블록이 만들어지기 전까지 최근에 만들어진 블록에서부터 조작하고자 하는 블록까지의 모든 블록을 역순으로 바꿔야 한다고 했습니다.

용어 설명

양자컴퓨터
양자 역학의 원리에 따라 작동되는 컴퓨터로 여러 가지의 경우에 해당하는 수를 하나씩 입력하고 연산한 후 결과를 보는 기존의 컴퓨터와는 달리, 여러 가지 경우를 한꺼번에 연산할 수 있어 기존과는 비교도 되지 않는 속도로 병렬연산을 수행할 수 있다. 전문가들은 양자컴퓨터가 실용화되면 지금의 슈퍼컴퓨터가 150년에 걸쳐 계산해야 할 것을 4분 만에 끝낼 수 있다고 예상한다.

해시함수를 이러한 짧은 시간 안에 풀어낸다는 것은 현재 컴퓨터 기술로는 현실적으로 불가능에 가깝습니다. 또한 블록체인에서 발행된 코인 또는 토큰을 보관하는 지갑에 지갑의 소유자가 접근해 이를 이용하려면 자신만이 알고 있는 암호를 넣어 지갑에 접근해야 합니다. 이때도 소인수분해를 기초로 한 암호화 기술이 사용되며 엄청난 시간이 필요합니다.

풀기 어려운 블록체인 암호화 기술

블록체인에서 사용되는 암호화 기술들은 슈퍼컴퓨터를 포함해 현재 사용되는 컴퓨터들이 입력값을 하나씩 대입해가며 결과값을 보고 이를 다시 반복하는 작업을 계속하는 방식을 이용합니다. 여기서 입력값을 대입하고 결과값을 보고 이를 반복하는 과정은 하나의 컴퓨터로 하는 것보다는 여러 대의 컴퓨터를 이용해 입력값을 서로 나눠 대입하는 방식으로 동시에 같이 할 수도 있습니다. 이와 같이 연산 작업을 나눠서 하면 그만큼 연산에 드는 시간은 줄어들 것입니다.

연산 작업을 여럿이 나눠 동시에 수행하는 것을 좀 더 어려운 표현으로 병렬연산이라고 합니다. 현재 사용되는 암호화 기술은 이러한 병렬연산을 막강한 슈퍼컴퓨터나 매우 많은 수의 컴퓨터를 이용해 나눠 처리하더라도 수십 년에서 수백 년에 걸친 시간이 소요되기 때문에 안전성을 담보할 수 있

는 것입니다.
그런데 양자컴퓨터는 이러한 병렬연산을 본질적인 부분에서부터 완전히 다르게 수행합니다. 기존의 컴퓨터는 0과 1이라는 두 가지 수로만 정보를 저장하고 연산하는데 이러한 최소 단위를 비트(bit)라고 합니다. 하나의 비트에는 0과 1 둘 중 하나만 기록될 수 있고 이러한 비트를 여러 개 이어서 정보의 단위를 구성하고 이를 처리하는 방식으로 작동합니다. 예를 들면 1바이트(byte), 즉 8bit에 적용되는 정보 값의 종류는 각 bit당 0과 1 두 가지의 경우에 이를 8번 곱한 $2^8=256$가지입니다. 만약 1바이트에 저장될 수 있는 모든 종류의 값을 적어 넣어 차례대로 이를 대입해 그 결과값을 얻으려면 입력값으로만 256번을 다시 써야 한다는 것입니다.

양자컴퓨터 상용화
기존 암호 체계 무력화 우려도

반면 양자컴퓨터는 전통적인 비트가 아닌 양자화된 비트인 큐비트(qbit)를 사용합니다. 양자역학에서는 몇 가지 중요한 물리학적 특징이 있는데 양자화된 비트에서 중요한 개념은 '중첩'이라는 현상입니다. 중첩이란 슈뢰딩거의 고양이 이야기처럼 상자 속에 있는 고양이의 상태를 확인하기 전까지는 고양이가 죽어 있는 상태와 살아 있는 상태가 동시에 중첩돼 존재한다는 것입니다. 큐비트에서는 하나의 비트 안에 0인 상태와 1인 상태가 같이 존재한다는 것을 의미합니다. 이러한 상태의 큐비트 8개를 묶어 하나의 바이트를 만든다면 256가지의 경우를 한 번에 집어넣고 한꺼번에 연산을 할 수 있게 됩니다. 이렇게 되면 양자컴퓨터는 기존의 컴퓨터와는 달리, 여러 가지 경우를 한꺼번에 연산할 수 있어 기존과는 비교도 되지 않는 속도로 병렬연산을 수행할 수 있게 됩니다.
이러한 이유로 양자컴퓨터가 본격적으로 상용화되면 기존의 암호 체계가 무력화될 수 있다는 우려 섞인 예측도 나옵니다. 그렇다고 양자컴퓨터로 블록체인이 완전히 무력화될 것이라고 예측하기에는 성급한 면이 있습니다. 양자컴퓨터가 상용화되더라도 암호 체계의 필요성이 사라지지는 않기 때문에 양자컴퓨터에 저항할 수 있는 암호 체계에 관한 연구는 현재도 활발히 진행되고 있습니다.

A36

양자컴퓨터가 본격적으로 상용화되면 기존의 암호 체계가 무력화될 수 있다는 우려 섞인 예측도 나옵니다. 그렇다고 양자컴퓨터로 블록체인이 완전히 무력화될 것이라고 예측하기에는 성급한 면이 있습니다. 양자컴퓨터가 상용화된다고 하더라도 암호 체계의 필요성이 사라지지는 않기 때문에 양자컴퓨터에 저항할 수 있는 암호 체계에 관한 연구는 현재도 활발히 진행되고 있습니다.

양자 암호키 분배
양자 통신을 위해 비밀키를 분배·관리하는 기술. 보안이 필요한 송수신자 사이에 양자 암호에 분배 기술을 사용해 암호화에 필요한 비밀키를 안전하게 공유할 수 있다.

SECTION 2 Question

Q37 스마트 콘트랙트는 무엇인가요?

블록체인에 관한 이야기를 찾아보면 한두 번씩은 접하게 되는 단어가 바로 '스마트 콘트랙트(Smart Contract)'입니다. 스마트 콘트랙트는 1세대 블록체인이라고 일컬어지는 비트코인에서 2세대 블록체인으로 넘어가게 된 가장 중요한 특징입니다.

스마트 콘트랙트 특징

첫째, 블록체인 네트워크에 의해 복제·배포되기 때문에 탈중앙화된 처리가 가능하다.
둘째, 조건이 충족될 때만 예정된 작업을 수행하고 배포된 후에는 변경할 수 없다. 필요에 따라 사전에 구현된 경우에는 스마트 콘트랙트 자체를 삭제할 수도 있으나, 배포 후 변경은 불가능하므로 스마트 콘트랙트는 변조를 방지하는 데 상당한 신뢰성을 보장한다.
셋째, 배포 전에 다양한 방법으로 코딩을 할 수 있어 분산화된 애플리케이션(DApp)을 만드는 데 사용될 수 있다.
넷째, 조건만 충족되면 자동으로 실행되기 때문에 당사자들 사이의 신뢰가 필요하지 않고 이행에 대한 구속력도 강하게 작용한다.

스마트 콘트랙트 자체는 1994년 닉 제보(Nick Szebo)에 의해 처음 제안된 개념입니다. 이 개념은 중간에 제3의 인증기관 없이 개인 간에 원하는 계약이 이행될 수 있도록 하는 것입니다. 실제 구현까지 이어지지는 못했지만 2013년 천재 프로그래머로 평가받는 당시 19세의 비탈릭 부테린(Vitalik Buterin)이 스마트 콘트랙트 플랫폼인 이더리움(Ethereum)을 개발할 것을 제안하고, 실제로 2015년에 이를 만드는 데 성공했습니다.

스마트 콘트랙트는 결정론적 프로그램으로서, 일정한 조건이 충족됐을 때 특정한 일을 수행하도록 만든 프로그램에 가깝습니다. 컴퓨터 프로그램 코딩을 조건문, 즉 'if' 조건에서 서술된 조건이 충족되면 'then'으로 서술된 명령을 실행하는 과정이 블록체인과 합쳐진 것을 스마트 콘트랙트라고 이해해도 큰 틀에서는 틀리지 않습니다.

스마트 콘트랙트 작동 원리

조금 더 깊이 있는 이해를 위해 스마트 콘트랙트의 작동 원리를 NFT와 같은 물품 거래의 예를 통해 살펴봅시다. 우선 물품을 판매하고자 하는 판매자가 물품을 팔겠다는 내용을 코딩해 트랜잭션을 만든 후 블록체인에 전송합니다. 그러면 블록체인 네트워크의 노드들은 물품을 판매한다는 트랜잭션을 공유하고 블록을 생성한 후 이를 배포합니다. 그 후 구매자가 블록체인 네트워크에서 자신이 구매하고자 하는 물품을 검색한 후 이를 구매하고자 마음먹으면 구매자는 해당 물품을 구매하겠다는 트랜잭션을 블록체인 네트워크에 보냅니다. 이러한 구매 트랜잭션을 노드들이 공유하고 그러한 정보가 블록체인 네트워크에 동기화되면 노드들은 스마트 콘트랙트에 의해 돈(또는 코인)을 판매자에게 전송하고 해당 물품의 소유자를 구매자로 등록합니다. 여기서 상품의 소유자 변경과 돈을 전송하는 작업은 계약 이행과 동일한 것으로, 이러한 절차는 제3자의 개입 없이 스마트 콘트랙트에 의해 자동으로 이뤄집니다.

몇 가지 특징과 사례

스마트 콘트랙트는 몇 가지 특징이 있습니다. 우선 스마트 콘트랙트는 블록체인 네트워크에 의해 복제·배포되기 때문에 중앙 집중형 서버에 의한 기존의 방식과는 달리 탈중앙화된 처리가 가능합니다. 또한 스마트 콘트랙트는

조건이 충족될 때만 예정된 작업을 수행하고 배포된 후에는 변경할 수 없습니다. 필요에 따라 사전에 구현된 경우에는 스마트 콘트랙트 자체를 삭제할 수도 있으나, 배포 후 변경은 불가능하므로 스마트 콘트랙트는 변조를 방지하는 데 상당한 신뢰성을 보장합니다. 스마트 콘트랙트는 배포 전에 다양한 방법으로 코딩을 할 수 있어 분산화된 애플리케이션(DApp)을 만드는 데 사용될 수 있습니다. 마지막으로 스마트 콘트랙트는 조건만 충족되면 자동으로 실행되기 때문에 당사자들 사이의 신뢰가 필요하지 않고 이행에 대한 구속력도 강하게 작용합니다. 이러한 특징을 이용한 대표적인 사례는 토큰을 만들어 ICO를 하는 것이나, 게임 아이템을 스마트 콘트랙트로 구현하고 이에 대한 소유권을 증명함과 더불어 아이템을 사고파는 것 등이 있습니다. 나아가 P2P 랜딩, 탈중앙화금융(DeFi), 탈중앙화 거래소 등의 분야에도 널리 사용되고 있습니다. 반면 한계도 있습니다. 블록체인 밖에 있는 데이터를 블록체인 안으로 가져올 때 발생하는 소위 '오라클 문제'입니다. 블록체인 밖에 있는 데이터가 블록체인 안으로 들어오는 과정에서 위변조가 발생한다면, 블록체인 안에서 관리되는 데이터라고 하더라도 신뢰하기 어려운 문제가 발생합니다. 이를 해결하기 위해 중간자를 두거나 상호인증 블록체인 방법을 사용하는 등 여러 노력이 이어지고 있습니다.

CLOSING　Focus 01

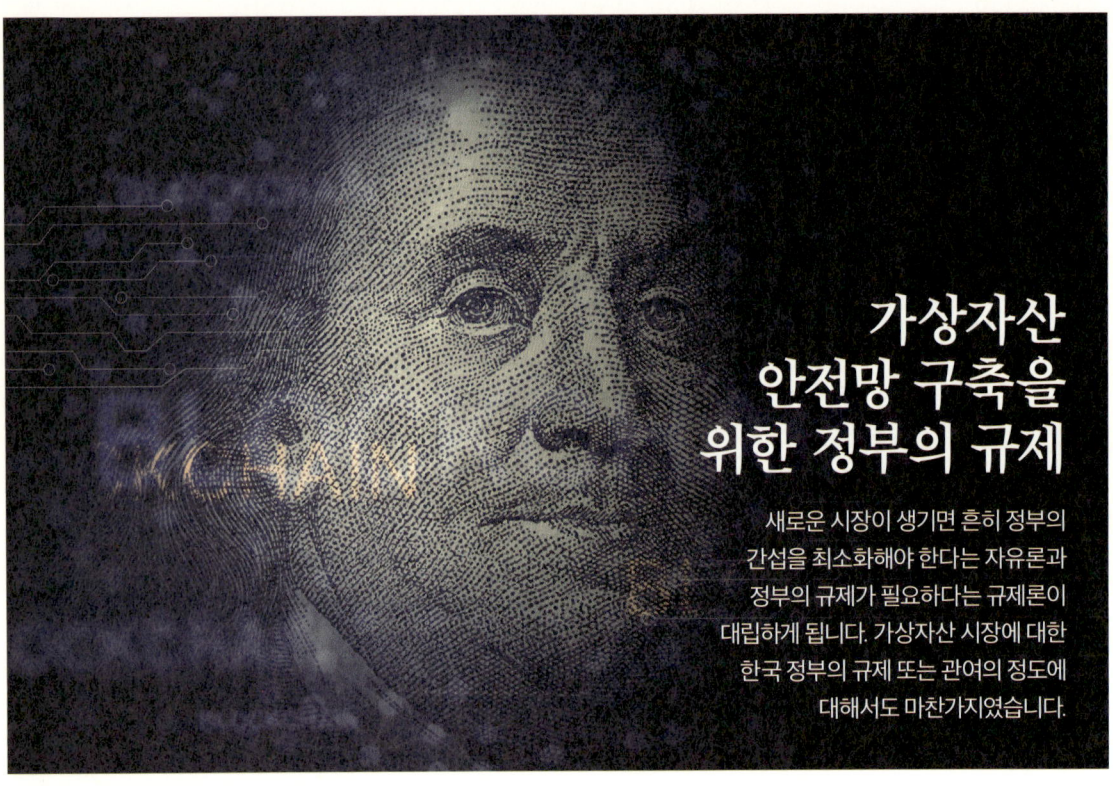

가상자산 안전망 구축을 위한 정부의 규제

새로운 시장이 생기면 흔히 정부의 간섭을 최소화해야 한다는 자유론과 정부의 규제가 필요하다는 규제론이 대립하게 됩니다. 가상자산 시장에 대한 한국 정부의 규제 또는 관여의 정도에 대해서도 마찬가지였습니다.

1525만명
코인 시장 이용자 수

55.2조원
코인 시장 시가총액

지난 몇 년간 한국 정부는 적극적으로 가상자산 시장에 개입해 투자자 보호책을 추진하기보다는 시장을 지켜보면서 자금세탁 방지와 소득에 대한 세금 부과 정도만 관여하는 태도를 보여왔습니다. 그러나 2022년 5월 루나와 테라가 폭락하는 사태가 발생하면서 더 이상 투자자 보호를 도외시할 수 없는 전환점을 맞이했습니다. 결국 국회에서 여당, 정부, 거래소 대표, 업계 전문가 등이 모여 루나와 테라 사태에 대한 대책 마련을 논의했습니다. 가장 큰 문제는 현재 거래소에서 코인을 거래하려면 상장 심사를 받아야 하는데, 상장 심사 기준을 공개하지 않고 있는 점입니다. 동일한 코인에 대해서도 업비트·빗썸·코인원·코빗 등 거래소별로 상장 심사를 다르게 하고 있어 이를 통일적으로 운영하기 위한 기준 마련이 시급하다는 지적이 많았습니다.

정부 투자자 보호 나서

다음은 코인의 발행자가 자신의 코인에 대한 정보를 투자자에게 충분히 알리지 않고, 설사 알린다고 해도 그 내용이 너무 어려워서 투자자들이 해당 코인에 투자해도 좋은 것인지 판단하기 어렵다는 것입니다. 코인을 만든 사람은 모든 정보를 가지고 있지만 투자자는 정보 비대칭으로 가상자산의 가치를 제대로 평가할 수가 없다면 결국 묻지마 투자나 '따라 하기 투자'가 될 수밖에 없습니다.

새 정부는 암호화폐 시장도 기존의 증권시장과 유사한 방식으로 개입할 수 있다는 방침을 밝혔습니다. 업계도 중지를 모으고 있습니다. 국회 간담회 이후 한국디지털자산사업자연합회는 투자자를 보호하기 위해 사업자가 지켜야 할 사항을 담은 가이드라인을 제정하기로 했습니다. ▼1 여기에는 이용자들이 코인 투자를 결정할 때 핵심 역할을 하는 상장 심사 기준과 상장한 후에도 투자자들에게 경고하기 위한 유의 종목을 지정하고, 이러한 유의 종목에 대한 입출금을 중단하는 내용을 담을 것이라고 합니다.

각 코인에 대한 시장 분석은 없지만 정부가 시장 규모를 발표한 적이 있습니다. ▼2 이 조사에 따르면 정부에 신고한 사업자에 등록된 이용자는 1525만명으로, 우리나라 인구 10명 중 3명꼴입니다. 또한 시가총액은 55조2000억원

▼
1. 한국디지털자산사업자연합회, 루나 사태 계기로 '공동 가이드라인 제정' 추진, 22.5.31, 이투뉴스

2. 2022년 2월 금융정보분석원(FIU)은 2021년도 하반기를 대상기간으로 '가상자산 사업자 실태조사 결과'를 발표.

3. 2021년 상장회사 시가총액 2649조원 (= 유가증권 시장 2203조원 + 코스닥 시장 446조원)과 비교하면 2%에 해당.
자료 한국거래소

입니다. ▼3 가상자산은 623종인데, 이 중 403종(65%)이 특정사업자에서만 거래됩니다. 이런 코인은 특정거래소의 흥망과 운명을 같이할 수 있습니다.

코인 절반 등락폭 70%

특히 이 403종 중 절반인 219종이 최고가격과 최저가격의 등락률이 70% 이상으로, 올라가고 내려가는 수준이 너무 가파릅니다. 글로벌 시장에서 시가총액 59%를 차지하는 비트코인·이더리움이 원화마켓에서는 27%, 코인마켓에서는 9%에 불과해 글로벌 시장과 대비됩니다. 이와 같은 수치만 봐도 정부가 더 이상 가상자산 시장을 간과해서는 안 되는 상황이라 할 수 있습니다.

정부와 업계가 새로 만드는 대책들이 이용자 보호와 함께 가상자산 시장의 생태계를 건전하게 조성하는 데에 일조할 수 있는 계기가 됐으면 좋겠습니다.

새 정부는 암호화폐 시장도 기존의 증권시장과 유사한 방식으로 개입할 수 있다는 방침을 밝혔다.
이용자들이 코인 투자를 결정할 때 핵심 역할을 하는 상장 심사 기준과 상장한 후에도 투자자들에게 경고하기 위한 유의 종목을 지정하고, 이러한 유의 종목에 대한 입출금을 중단하는 내용을 담을 것이라 한다.

CLOSING Focus 02

가상자산 대응 해외 사례는

가상자산에 대한 태도는 나라별로 다릅니다. 가장 빠르게 그리고 엄격하게 대응한 나라는 중국입니다.▼1 중국은 코인 투기 광풍이 불던 2017년부터 고강도 규제에 들어갔습니다. 값싼 전기료 덕에 중국에서는 가상자산 채굴도 엄청 많았던 손꼽히는 거대 시장이었습니다.

중국은 가상자산을 통해 해외로 자금을 빼돌리거나 자금 세탁에 이용한다는 정부의 맹비난과 함께 엄격한 규제가 시작됐습니다. 가상자산 거래를 금지하고 거래소를 폐쇄했으며, 채굴도 금지했습니다.

일본 최대 거래소 해킹 피해로 법 개정

일본은 처음에는 비트코인을 돈과 같은 결제 수단으로 봐 '가상통화'라고 부르다가 이후에는 투자 대상으로 기능하고 있다는 점에 주목해 공식 명칭을 '암호자산'으로 변경했습니다.▼2

2014년 대형 거래소가 해킹되는 사건이 발생하자 2016년 자금 결제에 관한 법률을 개정했습니다. 이를 통해 사업자가 금융당국에 등록하도록 하고, 이용자에게 보험과 같이 내용을 설명할 의무를 부담하며, 이용자의 재산을 사업자의 것과 분리해 보관하도록 했습니다. 그럼에도 2018년 최대 거래소에서 유출 사고가 다시 발생했습니다. 이에 거래소를 대대적으로 조사해 7개 사업자에게 업무를 개선하도록 처분하고, 아예 법을 개정해 이용자의 돈을 신탁회사에 맡기도록 했습니다. 또한 가상자산을 금융상품으로

▼
1. 제391회 국회(정기회) 제1차 정무위원회 가상자산 거래 및 이용자 보호 등에 관한 법률안(권은희의원안) 디지털자산산업 육성과 이용자 보호에 관한 법률안(민형배의원안) 검토보고, 2021. 9월, 15면.

2. 조영은, "(Virtual Assets) 이용자 보호 규율 강화)",『외국입법 동향과 분석』제38호, 국회입법조사처, 2020.04.29. 3면 등.

3. 앞의 주 1. 15면 참조.

4. "조 바이든 미 대통령, 최초로 가상자산 행정명령에 서명", 22.3.9, CoinDesk Korea

규정해 거래와 관련한 중요 사실을 허위로 표시하거나 누락하지 않도록 하며, 투자자들을 유인하기 위해 허위로 시세를 조작하는 것과 같은 부정행위를 금지했습니다.

미국 정부 가상자산 산업 규제할 것

미국의 경우는 법이나 제도가 주 정부와 연방정부로 나뉘어 있는데 연방정부 차원에서 마련한 가상자산 관련 별도 법령은 없습니다. 미국은 한국의 새 정부가 현재 준비하고 있는 증권형 코인에 대한 정책을 이미 시행하고 있습니다. 증권 형태의 가상자산에 대해서는 증권과 같이 보고 있고, 가상자산을 상품선물로 취급합니다. v3

조 바이든 미국 대통령은 2022년 3월 "가상자산의 잠재적 이익을 활용하는 동시에 위험을 해소하는 것"을 목표로 하는 행정명령을 내렸습니다. v4 이 행정명령에서는 정부가 가상자산 산업을 규제하고자 노력하는 것은 미국의 이익을 보호하고, 세계의 금융 안전을 보호하는 것이라고 했습니다. 이 행정명령에 따라 재무부는 '화폐와 지불시스템의 미래에 대한 보고서를 작성할 것으로 예상됩니다.

이미 일본의 사례에서 봤듯이 가상자산 거래소의 자산은 이용자의 자산과 함께 보관하게 될 때 문제가 있습니다. 증권거래소는 증권사라는 중개업체를 거쳐야 하는데, 가상자산 거래소는 이용자를 직접 상대합니다. 거래소에서 이용자의 암호화폐를 직접 보관하고 시장조성자 역할도 겸한다는 점에서 증권거래소와 차이가 있고, 바로 이 점이 이용자와 이해가 상충할 수 있다는 것입니다.

행정명령 뒤 지난 4월에는 게리 겐슬러 증권거래위원회 위원장이 이러한 문제점을 해결하기 위해 이용자 자산 보관과 시장조성자 역할을 거래소의 다른 사업과 분리하게 하는 방안을 요구할 수 있고, 상품선물거래위원회와 함께 가상자산 거래소를 감독하는 것을 제안했습니다.

유럽연합(EU)은 오랫동안 가상자산 시장에서 투자자를 보호하기 위한 법을 만드는 데 집중했습니다. 2020년 9월에 법안(가상자산 시장법)을 제안해 2022년 3월에 통과시켰습니다. 이 법에는 가상자산을 만드는 발행인이 갖춰야 하는 요건, 발행인 등과 거래자 사이의 정보 비대칭을 해소하기 위해 공시 의무·신의성실 의무를 두고, 발행인의 책임을 명확히 하는 내용을 담고 있습니다.

이처럼 해외 주요 나라들은 시기별로 다소 차이가 있지만, 거래를 아예 금지하고 있는 중국을 제외하고는 투자자를 보호하기 위한 법을 제정하거나 기존 법을 활용하는 정책을 펼치고 있습니다.

1. '상하이 봉쇄' 묘사한 NFT 일러스트.
2. 조 바이든 미국 대통령. 사진 연합뉴스
3. 굿모닝한경.

나라별 가상자산에 대한 태도

중국 가상자산 거래를 금지하고 거래소를 폐쇄. 채굴도 금지.

일본 이용자의 돈을 신탁회사에 맡김. 가상자산을 금융상품으로 규정해 거래와 관련한 중요 사실을 허위로 표시하거나 누락하지 않게 하며, 투자자들을 유인하기 위해 허위로 시세를 조작하는 것과 같은 부정행위를 금지.

미국 연방정부 차원에서 마련한 가상자산 관련 별도 법령은 없음. 증권 형태의 가상자산에 대해서는 증권과 같이 보고 있고, 가상자산을 상품선물로 취급.

유럽연합(EU) 가상자산 시장에서 투자자를 보호하기 위한 법을 만드는 데 집중. 발행인이 갖춰야 하는 요건, 공시 의무, 신의성실 의무를 두고 발행인의 책임을 명확히 하는 내용의 법안 통과.

CLOSING

SPECIALLIST
<가상자산 A to Z>를 만든 스페셜리스트

이광욱 변호사

T +82-2-6003-7535
E kwlee@hwawoo.com

주요업무분야
TMT, 지식재산권, 개인정보·정보보안, 디지털금융, 모빌리티

약력
사법시험 38회(1996)
사법연수원 28기(1999)
서울대학교(법학사, 1995)
아주대학교 경영대학원
(경영학석사, 2002)
미국 University of Pennsylvania
Law School(LL.M., 2007)
미국 뉴욕 소재 Steptoe & Johnson
법률사무소(2007~2008)
Legal500 Asia-Pacific TMT 분야
"Next Generation Partner" 선정
(2021~2022)
대한상사중재원 중재인(2019~)
법무부 국제투자 지식재산권
법률자문단 자문위원(2012~)
개인정보보호위원회
자문변호사(2019~)

이동규 변호사

T +82-2-6003-7797
E dglee@hwawoo.com

주요업무분야
형사 공판, 형사 대응

약력
사법시험 42회(2000)
사법연수원 32기(2003)
서울대학교(사학사, 2001)
성남지청, 안동지청 검사(2003~2007)
서울북부지방검찰청 검사
(2007~2008)
대구지방법원 판사(2008~2009)
가상자산 거래소 관련 수사 및
공판 사건 다수 대응
횡령, 배임 및 자본시장법 위반 관련
주요 공판사건 수행
리베이트, 뇌물 등 부정이익
수수 사건 다수 수행

이근우 변호사

T +82-2-6003-7558
E klee@hwawoo.com

주요업무분야

지식재산권, TMT, 디지털금융, 모빌리티, 개인정보·정보보안, ESG

약력

사법시험 45회(2003)
사법연수원 35기(2006)
서울대학교(법학사, 2002)
서울대학교 법과대학원
(법학석사, 2006)
미국 University of Southern California Gould School of Law(LL.M., 2012)
산업통상자원부
산업기술분쟁조정위원회 위원(2019~)
한국지능정보사회진흥원 인공지능
법제정비단(2020~)
국토교통부 자율주행 융복합
미래포럼 제도분과(2020~)
개인정보보호위원회 스마트도시
개인정보보호 가이드라인 연구반(2021)
과학기술정보통신부 EU AI
법제연구반(2021~)

이보현 변호사

T +82-2-6003-7069
E bhlee@hwawoo.com

주요업무분야

금융회사 검사·제재, 자금세탁방지, 디지털금융, 금융분쟁·소송

약력

사법시험 46회(2004)
사법연수원 36기(2007)
부산대학교(법학사, 2006)
미국 Indiana University Law School
(LL.M., 2013)
IFLR1000 Capital Markets: Equity 분야
Leading Lawyer 선정(2021~2022)
IFLR1000 M&A 분야 Leading Lawyer
선정(2021~2022)
IFLR1000 Capital Markets 분야
"Notable Practitioner" 선정(2020)
가상통화와 자금세탁방지
기고(BFL(서울대금융법센터학술지)
89호, 공저, 2018)

이수경 변호사

T +82-2-6003-8132
E sgyi@hwawoo.com

주요업무분야

TMT 분쟁 및 규제, 개인정보·정보보안, 플랫폼

약력

사법시험 46회(2004)
사법연수원 36기(2007)
고려대학교(법학사, 1999)
고려대학교 법과대학원
(법학석사, 2010)
고려대학교 법과대학원 박사
(수료, 2013)
정보통신부
(현 과기정보통신부·방송통신위원회)
협력본부 통상협상팀(2007~2008)
지식경제부(현 산업통상자원부)
무역위원회(2008~2012)
방송통신위원회 방송기반총괄과,
이용자정책(통신)총괄과,
개인정보보호과,
OTT정책협력팀(2012~2021)
미국 American University
교육훈련(개인정보)(2019)

CLOSING

임희성 변호사

T +82-2-6003-7598
E limhs@hwawoo.com

주요업무분야
기업수사대응, 디지털 포렌식

약력
사법시험 47회(2005)
사법연수원 37기(2008)
연세대학교(법학사, 2002)
미국 University of Washington School of Law(L.L.M., 2014)
제주특별자치도
법무특별보좌관(2019~2021)
제주지방검찰청 검사(2015~2016)

최용호 변호사

T +82-2-6182-8396
E yhchoi@hwawoo.com

주요업무분야
(가상자산 거래소) 인·허가, 검사·제재,
자금세탁방지 및 영업행위규제,
디지털금융 및 IT보안, 개인정보·정보보안

약력
사법시험 49회(2007)
사법연수원 39기(2010)
고려대학교(법학사, 2007)
고려대학교 법무대학원
(금융법학석사, 2019)
금융감독원 여신전문검사실,
금융투자검사국 등(2012~2016)

여현동 변호사

T +82-2-6003-7538
E hdyeo@hwawoo.com

주요업무분야
실용신안, 영업비밀·산업기술,
IP Compliance, 환경, 제조물책임,
블록체인·인공지능

약력
변호사시험 1회(2012)
변리사시험 42회(2005)
한국과학기술대학교(KAIST)
(공학사, 2006)
서울대학교 법학전문대학원
(법학전문석사, 2012)
특허청 출원 분야 제도개선,
법령 개정 자문위원(2018~2019)
한국지능정보사회진흥원
인공지능 법제정비단(2021)

주민석 변호사

T +82-2-6003-7521
E msjoo@hwawoo.com

주요업무분야
금융회사 인허가, 자금세탁방지,
디지털금융, 개인정보·정보보안,
헬스케어

약력
변호사시험 1회(2012)
포항공과대학교(공학사, 2006)
고려대학교 법학전문대학원
(법학전문석사, 2012)
금융감독원 조사역(2006~2012)
금융위원회 사무관(2017~2019)

황규호 변호사

T +82-2-6182-8317
E hwangkh@hwawoo.com

주요업무분야
제조물책임, 소송·중재, 인공지능,
모빌리티, 방위산업

약력
변호사시험 2회(2013)
서울대학교(공학사, 2002)
미국 Carnegie Mellon Univ.(CMU)
Mechanical Engineering
(공학박사, 2009)
서울대학교 법학전문대학원
(법학전문석사, 2013)
한국과학기술원(KIST)
지능로봇연구단 Research
Fellow(2018~2019)

황희경 외국변호사 (감수)

T +82-2-6003-7064
E hkhwang@hwawoo.com

주요업무분야
지식재산권, 기업자문, TMT

약력
미국 뉴욕주 변호사(2009)
서울대학교(영문학사, 1989)
서울대학교 인문대학원
(영문학 석사, 1998)
미국 Columbia Law School
(J.D., 2008)
미국 Baker & McKenzie, LLP
(New York) (2008~2009)

EPILOGUE 이 책을 마치며

가상자산에 투자하겠다는 아들에게

네가 암호화폐 투자를 시작했다는 이야기를 꺼냈을 때, 나는 문득 유럽 투자 시장의 '위대한 유산' 앙드레 코스톨라니의 말을 떠올렸단다. "위험을 감수할 정신적 준비운동이 필요하다"던. 실패에 대한 분석 없이는 성공을 기대할 수 없다던 '전설'의 말을 진작 전했어야 했다는 안타까움을 곱씹으며…

아직 실패라는 경험과 거리가 있는 나이라서 더 맘에 걸린다는 사실을 먼저 고백해 두는 게 좋겠다. 혹여 네가 끼고 사는 '서머너즈 워'나 '피파 22'처럼 투자를 만만한 게임 정도로 생각하는 건 아닌지부터 궁금과 걱정이 꼬리에 꼬리를 잇는다.

"크립토의 겨울이, 역사적 기회가 드디어 왔다"며 들뜬 너의 흥분이 회생 불능의 독약이 될 수 있다는 비관이 앞섰기에 "잘해보라"라는 격려 대신 '시시콜콜 꼰대'가 되기로 마음먹었다는 걸 혜량해 주길.

너는 한술 더 뜨더구나. "코인처럼 깔끔하게 승패가 결정나는 게 세상 공정한 거 아닌가요? 실패해도 비싼 '수업료' 냈다고 생각하겠다"고…

불확실성의 시대는 준비된 자의 것

그러나 아들. 투자는 어려운 것이란다. 무엇이든 네 상상 이상이란 걸 잊지 말기를. 비트코인이 8000만원을 돌파할 때인 지난해 11월께를 떠올려 보자. 여기저기서 1억원을 돌파할 거란 예언들이 난무했지만, 지금은 어떤가. 2000만원을 위협받고 있는 처지가 바로 비트코인이란다. 스테이블 코인의 대장주라던 테라·루나가 20분의 1토막으로 추락한 건 여러 몰락의 한 사례일 뿐, 아예 시장에서 사라진 멸종 알트코인들이 넘치는 게 요즘 코인 시장의 현실. 그럼에도 시장의 향배는 오리무중이란다. 미국 연방준비제도(Fed·연준)의 추가 금리인상 불안감과 우크라이나의 지정학 리스크가 곱 쌓이는 까닭이다.

어차피 말릴 일 아니라는 걸 알기에 몇 가지 당부로 아비의 걱정을 달래기로 한다.

먼저 묻겠다. 아니 스스로 묻거라. 나는 '생과 사가 갈리는 전쟁터에 뛰어들 준비가 돼 있는지. 가상자산 시장은 피와 살이 튀는 전쟁터에 다름아니다. 힘과 자본, 정보만이 통하는 가혹한 약육강식의 정글. 실패=도태라는, 이 잔혹한 등식에서 단 한 번의 예외도 허용하지 않는 비정의 세계란다.

공포와 탐욕을 먹고 자란다는 건 주식시장과 닮았다. 공포와 탐욕은 천재 물리학자 아이작 뉴턴도 루저로 만들었다는 걸 가끔은 떠올리거라. 뉴턴은 남해회사(The South Sea Company)란 무역회사에 전 재산을 털어 넣었다가 그야말로 쪽박을 찼다. "천체의 움직임은 계산할 수 있어도, 사람의 광기(狂氣)는 계산할 수 없다"라는 그의 말을 되새겨 보기를.

5적을 알아야 산다

가상자산이라고 다를 게 없다. 그러니 부디 5적(敵)을 새겨 두거라. 네가 한 발 한 발 디딜 때마다 너의 실수를 큰 입 벌려 반길 불사의 괴물들이란다.

첫 번째 적, 무지다. 너는 네가 투자하려는 것의 기본을

by_ 이관우 한국경제신문 사회부장

아느냐. 코인과 토큰의 차이를, 반감기와 해시값의 정의를. 아니 그보다도 채굴의 진짜 의미는 아는지부터 자문해 보거라. 코인백서를 한 번이라도 본 적이 있다면 그제야 한 걸음을 뗀 것일 터.

두 번째 적, 세력이다. 세력들은 위장에 능하단다. '재단'이라는 이름으로, 때로는 '마켓메이커'란 이름으로 도처에서 우글거릴 것이니, 이들에게 너는 영혼 없는 먹잇감일 뿐임을 자각하거라. 너의 머릿속과 가슴은 늘 투시되고, 너의 공포와 탐욕은 언제든 탐지될 것이다. 네가 언제 패닉으로 손절매할지, 언제 추격매수라는 몰락의 폭주 기관차에 올라탈지를 꿰뚫고 있는 시장의 지배자들임을 한시도 잊지 말거라. 아, 그러고 보면 SNS는 그들이 좋아하는 서식지란다. 그 속에서 코린이들은 '개미 털기'라는 흔들기 기법에 희생양으로 전락하기 일쑤임을 알아야 한다.

세 번째 적, 시장이다. 시장을 이기려 하지 말거라. 공부를 많이 했다고, 경험이 많이 쌓였다고, 네트워킹이 강하다고 승리를 보장해주는 투자 시장은 이 세상에 없단다. 시시각각 변하는 시장의 파고에 정면으로 맞서는 무모함은 참사를 낳을 뿐이다. 한 정치가는 변혁의 어려움을 이렇게 설파했다는구나. "힘없는 용기는 공허할 뿐이다. 힘없는 자가 떼쓴다고 달라질 것이라면 세상은 난세라고 부르지도 않았다."

그러니 떨어지는 칼날을 받지 말거라. 소나기라면 긋고 지나갈 일. 시장에 맞설 힘을 키워라. 권토중래의 기회가 올 것이니.

가장 무서운 적은 네 안에

네 번째 적, 주변이다. 특히 자칭 '전문가'라고 부르는 이들을 멀리하거라. 주변은 두 가지 부류다. 적이거나 적의 도구이거나. 믿지 말거라. 진짜 같을수록, 진짜 같은 말을 할수록 더욱. 누군가 "대박을 터뜨렸다"는 말도 귓등으로 부디 흘리거라. 마음에 담는 순간 공익투자자가 될 것이므로 시장은 너를 먹는 독버섯, 너는 영원한 호구가 되는 것이다. 아무도 너의 실패를 가여워하지 않을 것이다.

다섯 번째 적, 가장 무서운 괴물. 너 자신이다. 네 안의 탐욕이다. 적당함을 몰라 체하는 일이 잦다는 걸 머지않아 깨닫게 될 것이다. 열 배, 백 배를 벌려는 욕망을 품는 순간 이성이 사라지고 그 자리를 이판사판 '베팅'이 메우기 시작할 것이다.

그리고 공포다. 세력들이 가장 좋아하는 개미의 특성이다. 흔들면 흔들리는 필패의 조건이다. 네가 '사면 떨어지고, 팔면 오르는' 이상한 무한반복이 그 때문이란 걸 이해할 때쯤이면, 네 통장의 잔고는 바닥나고 있을 공산이 크다는 점을 명심하거라.

너는 깨닫거라. 시장은 늘 공정할 것이란 착각, 언젠간 오를 것이라는 미망에서 깨어날 때 비로소 너는 너의 투자를 할 수 있다는 불변의 법칙을.

크립토의 겨울은 춥고 배고플 것이나 쭉정이를 골라내 줄 것이다. 살아남은 자만 크립토의 봄이 가져온 알곡을 누릴 것이다. 그러니 견뎌라. 끝날 때까지 끝난 것은 없으니. 가장 어두운 때, 가장 빛나는 새벽이 오고 있음을 잊지 말거라. 부디 행운이 함께 하기를….

투자부터 분쟁 해결까지
가상자산 A to Z

펴낸날	2쇄 발간일 2022년 8월 19일
발행인	김정호
편집인	유근석
펴낸곳	한국경제신문
기획 총괄	이관우·최진석
편집·제작 총괄	이선정
편집	이진이·강은영·윤제나·문지현
글	이광욱·이동규·이근우·이보현·이수경·임희성·최용호·여현동·주민석·황규호·황희경
디자인	윤범식·엄정윤
판매 유통	정갑철·선상헌·조종현
인쇄	제이엠프린팅
등록	제2006-000008호
주소	서울시 중구 청파로 463 한국경제신문
구입 문의	02-360-4859
홈페이지	www.hankyung.com

값 20,000원
ISBN l 979-11-92522-13-5(93320)

〈투자부터 분쟁 해결까지 가상자산 A to Z〉는 디지털자산 시대에 놓쳐서는 안 될 기본 개념과 트렌드, 법적 쟁점을 담은 해설서입니다.

- 잘못 만들어진 책은 구입하신 곳에서 교환해드립니다.
- 이 책은 저작권법에 따라 보호받는 저작물이므로 무단 전재와 복제를 금합니다.

한경무크
베스트셀러 시리즈

직장 내 괴롭힘 금지법

회사도 근로자도 알아둬야 할
직장 내 괴롭힘 대응법 A to Z

ESG 2.0

달라진 비즈니스 모델
최신 ESG 이슈 집중 분석!

틈틈이 가족여행

박물관부터 인생샷 성지까지
국내 가족여행지 총정리

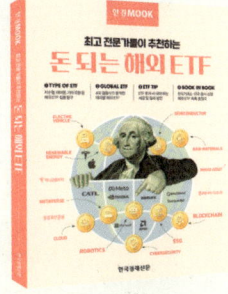

돈 되는 해외 ETF

한눈에 비교하는
최고 전문가 추천 해외 ETF

인생 리뉴얼 ABC

4060 직장인을 위한
은퇴 준비 바이블

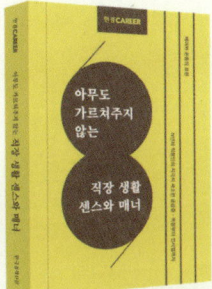

직장 생활 센스와 매너

복장부터 인사법까지
선배가 알려주는 센스와 매너

부동산 절세법

연령대별로 정리한
부동산 세테크 노하우

궁금한 상속·증여

2022년 상속·증여세
개정 법령 완벽 반영!

슬기로운 주식생활

기초부터 다지는
내 아이 투자왕 만들기

해외 명품 주식 50선

8대 증권사 추천
해외 주식 투자 가이드북

CES 2022

한경 X KAIST 특별취재단이
소개하는 IT·가전 메가트렌드

메타버스 2022

단숨에 읽는
메타버스 트렌드북

궁금한 AI와 법

Q&A로 설명한
AI 시대 법률 안내서

궁금한 중대재해처벌법

알기 쉽게 정리한
중대재해처벌법 A to Z

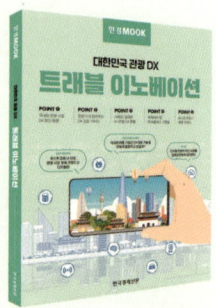

트래블 이노베이션

디지털 관광
비즈니스를 위한 필독서!

인더스트리 2022

업종 분석부터 미래 전망까지
No.1 산업 트렌드 전망서

에이미 조 이지 골프

초보부터 스윙이 무너진 골퍼까지!
에이미 조의 특별 레슨